LINGUAGEM ESCRITA E ALFABETIZAÇÃO NA ERA DIGITAL

EDITORA AFILIADA

Dados Internacionais de Catalogação na Publicação (CIP)
(Câmara Brasileira do Livro, SP, Brasil)

Arena, Dagoberto Buim
  Linguagem escrita e alfabetização na era digital / Dagoberto Buim Arena. – São Paulo : Cortez Editora, 2024.

  Bibliografia.
  ISBN 978-65-5555-449-6

  1. Alfabetização 2. Educação 3. Linguagem escrita 4. Mídias digitais 5. Tecnologia - Aspectos sociais I. Título.

24-193052   CDD-370.72

Índice para catálogo sistemático:

1. Alfabetização : Apropriação da linguagem escrita : Educação 370.72

Tábata Alves da Silva - Bibliotecária - CRB-8/9253

Dagoberto Buim Arena

LINGUAGEM ESCRITA E ALFABETIZAÇÃO NA ERA DIGITAL

São Paulo - SP

2024

LINGUAGEM ESCRITA E ALFABETIZAÇÃO NA ERA DIGITAL
Dagoberto Buim Arena

Direção editorial: Miriam Cortez
Coordenação editorial: Danilo A. Q. Morales
Assistente editorial: Gabriela Orlando Zeppone
Preparação de originais: Agnaldo Alves
Revisão: Ana Paula Luccisano
             Marcia Nunes
Projeto gráfico e diagramação: Linea Editora
Capa: Maurelio Barbosa

Nenhuma parte desta obra pode ser reproduzida ou duplicada sem autorização expressa do autor e do editor.

© 2024 by Autor

Direitos para esta edição
CORTEZ EDITORA
R. Monte Alegre, 1074 – Perdizes
05014-001 – São Paulo-SP
Tel.: +55 11 3864 0111
editorial@cortezeditora.com.br
www.cortezeditora.com.br

Impresso no Brasil – maio de 2024

Sumário

Prefácio 7

Introdução 15

Os atos culturais de ler e de escrever 23
    Os enunciados e os gêneros 30
    O ensino dos atos culturais de escrever e de ler 33

A linguagem escrita e sua natureza multissemiótica 39
    A língua escrita como configuração visual 41
    Materialidade e imaterialidade na linguagem oral e na linguagem escrita 44
    O objeto de ensino e de aprendizagem na alfabetização 50
    Situação social, suportes, instrumentos e gestos 52

As letras como caracteres: unidades visuais de sentido 65

Consciência fonológica: debates 77

Intervalo entre palavras e outros espaços vazios: funções 101
    O suporte, a tela, os espaços, os intervalos 105

Relações entre suportes e enunciados 121
    Suportes perenes e perecíveis 129
    Entre o passado e o presente 137
    Os suportes nas mídias digitais 143

Caminhos de confronto e de escape 149

Alfabetização em sociedades textualizadas 165
    A escrita alfabética e a perda de sua supremacia 166
    Dispositivos digitais e arquitexto 169
    Textualização das relações humanas 174
    Lescrever 178
    Corpus: prints de tela 181
    A primeira tela 182
    Segunda e terceira telas 187
    A quarta tela 191

Conclusão 195

Referências 201

Prefácio

Fiz Letras, vernáculas e alemão, disposto e enveredar profissionalmente pela língua e pela literatura alemãs. Em 1974, bolsista do Goethe, estudei dois meses em Göttingen. Voltei direto para dar aulas de português em uma escola estadual em Jafa, um distrito de Garça, no interior paulista. Até 1982 lidei com o português. O alemão e sua literatura caíram no esquecimento, avivados apenas em retomadas esparsas. O ensino para as crianças pequenas — a alfabetização — não atraía minha atenção. Parecia-me, a distância, ensino destituído de sentido e de importância linguísticas, sem profundidade teórica. Ouvia professoras defenderem tais ou tais cartilhas e nada mais além da defesa de rigorosa retenção de crianças no primeiro ano, porque não sabiam bem copiar, nem escrever palavras ditadas, nem bem pronunciar.

Em 1982, passei em concurso para diretor de escola e, em 1983, me enfiei pelas franjas da Serra de Paranapiacaba, no espremido vale do Rio Ribeira de Iguape, em Juquiá, a 100 metros do acostamento da estrada Régis Bittencourt, em São Paulo. Entre montes e vales, bananais e florestas, lamaçais e pobreza, sol quente e noites úmidas, pus-me a olhar as crianças grandes e as pequenas. As pequenas, algumas calçadas, muitas com pés descalços, com susto nos olhos e coração em sobressalto, ocupavam duas salas de primeiro ano. Em uma delas, crianças com bom desempenho varavam as lições da cartilha comprada pelos pais. Na outra, crianças sem cartilha, lamas secas entre os dedos dos pés, permaneciam no primeiro ano, sem saber por que estavam ali sentadas. Outras, descobri depois, nem ali chegavam. Viviam com os pais entre os bananais. Outras iam a escolas rurais isoladas de tempo integral, nas encostas, criadas pelos militares para evitar nascimento de outros movimentos revolucionários, como o de Lamarca. Na volta das visitas que fazia, como diretor, me punha a elaborar termos de visita que mais eram ensaios literários escritos por alguém tocado pela beleza da floresta úmida, pelos bananais espalhados pelos morros e pela singeleza e pobreza da infância, escorrida por vales, morros, riozinhos, cantos de pássaros, de crianças de futuro completamente incerto.

Em novembro de 1983, montado na garupa da moto do inspetor de alunos, andei à procura de crianças perdidas para fazer a matrícula em domicílio. Encontrei muitas. Deixei Juquiá no início de 1984, inconformado com o que se passava com as crianças na alfabetização e com a naturalização da exclusão por repetências frequentes ou porque viver entre bananas era mais importante que ir para escola.

Inconformado, me encontrei em uma escola de Garça em 1984 com quatro classes de primeiro ano. Quatro anos depois eram apenas duas de quarto ano. Duas ficavam pelo caminho. Setenta ou oitenta crianças sofriam com as cartilhas, com as metodologias e com as avaliações, mas eu não tinha a menor noção do que seria alfabetização. Era um saber próprio das professoras, pensava, mas percebi que pouco sabiam. Apenas repetiam protocolos pedagógicos. Os conhecimentos teóricos, rasos e superficiais, por elas manifestados davam destaque ao desenvolvimento necessário de maturidade e de coordenação dos movimentos dos dedos, dos olhos e dos ouvidos. Descobri, nos bancos acadêmicos anos depois, as teorias de Lourenço Filho, que sustentavam essas práticas. Os estudos que eu havia feito na escola Normal eram ainda mais genéricos e superficiais do que esses apontamentos que observava na escola.

Em 1985, minha formação em Letras e meu interesse pela Linguística, especialmente por Saussure, foram reavivados ao me deparar com teorias que estudavam a alfabetização com profundidade ainda não conhecida por mim e pelas alfabetizadoras. Piaget, com a psicologia genética, e Saussure, com sua teoria a respeito do signo linguístico, encontraram-se nas obras de Emilia Ferreiro, que, também, em sua base, propunha uma visão mais à esquerda da alfabetização de crianças filhas dos povos marginalizados em toda a América Latina. Para quem vivia os estertores da ditadura brasileira, esse conjunto, que articulava psicologia, linguística e política social, compunha uma ferramenta teórico-prática que poderia desnaturalizar o fracasso das crianças e dar mais vigor à formação das alfabetizadoras. Sabia eu, pela minha experiência na graduação, que compreender Saussure e Piaget não seria tarefa comum para professoras normalistas ou tituladas em faculdades particulares que ofereciam cursos de Pedagogia concentrados em finais de semana, com duração de três anos.

Ao inconformismo nascido em Juquiá se juntou o inconformismo de Garça para fazer nascer meu interesse pela alfabetização, pela alfabetização de crianças filhas de grupos sociais marginalizados. Compus, com as professoras, grupos de estudo e de experiências na escola. Em âmbito regional, já nas funções de supervisor de ensino, ampliei meus conhecimentos e impulsionei minha militância. Estudar alfabetização se confundia com experiências partilhadas com professoras, porque, no fundo, minha ação era parte da militância política não praticada durante os anos de chumbo.

Em 1988, já estava nos bancos do mestrado a estudar e elaborar minha dissertação – *Supervisão e alfabetização: novos conceitos para novas práticas* –, defendida em 1991. O construtivismo, se nos primeiros momentos, entusiasmou o diretor, o supervisor e o pesquisador de mestrado, pouco depois já se mostrava insuficiente, porque Ferreiro não cuidava do ato de ensinar a ler. Limitava-se à psicogênese da língua escrita. O ensino dos atos de leitura me incomodava, porque ouvia os lamentos de que as crianças não compreendiam o que liam. Ao ler Ferreiro, vi dois nomes por ela citados, estudiosos da leitura, sem que tenham sido por ela profundamente estudados: Frank Smith, um psicolinguista americano, e Jean Foucambert, um professor francês, formador de professores, sem os títulos acadêmicos de mestrado ou de doutorado. Ao lê-los, deparei-me com um universo de estudos sobre leitura pouco debatido, nem nas escolas, nem nos cursos de Pedagogia, onde eu já estava, como professor, desde 1989.

Novamente minha formação na graduação me dava condições para aprofundar os estudos e levar, pouco a pouco, as teorias e as práticas para meu trabalho militante na formação de alfabetizadores. Em 1992, documentos chegaram às minhas mãos como divulgação do *Proleitura*, programa do MEC coordenado pelo então adido linguístico do consulado francês em São Paulo, Élie Bajard. Por esses documentos, melhor conheci os posicionamentos de Foucambert, de Roger e de Anne-Marie Chartier. Nunca eu vira a leitura como viam Smith e os franceses, principalmente Foucambert.

Os fundamentos do ensinar e do aprender a escrever e a ler passaram a compor um painel teórico-prático que, longe de dar respostas definitivas, indicavam mais trilhas, mais pesquisas. Minha tese de doutorado, *A leitura no início da escolaridade: ouvir ou ver*, pôs em debate um tema que permanece nos capítulos deste livro. Trata-se do ato de ler como um ato cultural, criado na relação entre os olhos e uma mente humana saturada de conhecimentos e de perguntas.

Respostas provisórias geram perguntas efêmeras, reveladoras de conhecimentos e de reflexões também com data para se metamorfosearem em renascimentos frequentes plenos de frescor. Por isso, outras grandes fontes vieram me alimentar: estudos no campo da semiótica, dos meios de comunicação e suas tecnologias; estudos do enfoque histórico-cultural, que orientam os estudos da psicologia humana por olhares marxianos, e, mais recentemente, posicionamentos de antropólogos que estudam a linguagem e os gestos humanos. Debrucei-me, ao longo dos anos, sobre os atos humanos de ler e de escrever, os de ontem, os de hoje e os de amanhã, em múltiplos suportes, do papel à tela, em dispositivos vários, do caderno com linhas paralelas aos celulares, de gêneros mais antigos aos emergentes, para oferecer a educadores e crianças ares outros, práticas cheias de oxigênio, discussões que provoquem outras reflexões e ofereçam situações e instrumentos de linguagem essenciais para a humanização.

Desses escritos, fiz seleção de alguns que tinham temática próxima às discussões mais recentes a respeito dos atos de escrever. Eles se tocam principalmente por abordarem a linguagem escrita como uma composição não estritamente alfabética; por destacarem o monismo entre o sujeito e a linguagem escrita como objeto de ensino, isto é, por considerarem o sujeito e a coisa inseparáveis, sem perder, contudo, sua identidade; por trazerem para a superfície a relação entre linguagem escrita, suporte, gestos e enunciados como unidades que compõem um todo; por não deixarem à margem o debate que põe em cena a alfabetização na atual configuração social altamente textualizada, graças aos dispositivos digitais nômades e a um número inimaginável de aplicativos.

Para atender a essas intenções, os capítulos iniciais expõem as discussões preliminares em direção ao que fundamenta o nome dado a esta obra: *Linguagem escrita e alfabetização na era digital*. Sei, contudo, que alguns comentários caducarão brevemente, porque nem mesmo as rochas permanecem nos mesmos lugares por muito tempo. A cultura digital e a mente infantil, juntas, aceleram as mudanças nas relações humanas e na alfabetização. Ignorá-las é tentar segurar, com rédeas, o movimento histórico.

Os capítulos escritos ao longo destes anos das duas últimas décadas deste século, como artigos em revistas ou capítulos de livros sofreram, alguns, muitos recortes, outros, poucos, para alinharem-se às finalidades desta obra.

A organização desta obra e seus objetivos exigiram a exposição de duas temáticas interligadas: a primeira relacionada à linguagem escrita, seu desenvolvimento histórico, conceitos controversos e suas manifestações em suportes, e a segunda vinculada especificamente à alfabetização e seus desdobramentos conceituais e didáticos. Para detalhar essas temáticas, serão apresentadas análises que abordam a linguagem escrita do ponto de vista de objeto a ser ensinado nas instituições escolares. Serão feitas considerações a respeito de um outro tema que me atraiu a atenção nestes últimos anos: a natureza não predominantemente alfabética da linguagem escrita, seu desenvovimento histórico e o impacto que ela recebeu quando de sua incorporação a dispositivos e aplicativos digitais. Essas transformações ainda são ignoradas pelas políticas públicas na alfabetização e pelos estudos acadêmicos mais conservadores. Por assumir o pressuposto de que linguagem escrita ocidental é uma criação cultural de natureza não predominantemente alfabética, elaboro críticas endereçadas ao papel e à função linguística atribuída à letra, para concebê-la como um caractere, visual e figurativo, com outras funções, combinações e posições necessárias à construção das palavras escritas. De modo contrário às chamadas evidências científicas, que atribuem à letra a função de representar fonemas ou alofones, aponto evidências de que seriam unidades de sentido constituintes das configurações gráfico-visuais das palavras. Recorro a estudiosos que analisam historicamente o desenvolvimento das línguas ocidentais, notadamente o latim e sua relação com a língua portuguesa, e ponho o dedo direto em feridas abertas, não cicatrizáveis, do conceito de consciência fonológica. Há, obviamente, uma abordagem política que subjaz à temática.

Em alinhamento explícito aos conceitos desenvolvidos nos capítulos iniciais, elaboro comentários sobre a função do intervalo entre as palavras e seu papel na construção dos sentidos, especialmente no mundo digital. São esboçadas análises a respeito da relação estreita entre os suportes e as inscrições. Essa relação é concebida como uma configuração que também cria sentidos. O objetivo é inserir essa discussão em metodologias de alfabetização, porque elas deveriam incorporar a diversidade de suportes usados na vida cotidiana, entre eles, a tela.

O mundo digital e as trocas de mensagens compõem os temas que fecham esta obra. Tenho, ao apresentá-los, o intuito de estabelecer aproximações entre a vida das crianças com dispositivos e aplicativos e a sua alfabetização pelos caminhos de linguagens altamente hibridizadas. Há a proposta de abertura de portas para a entrada da criança em uma sociedade textualizada, caracterizada pela intensa manipulação de caracteres para criação de enunciados em que o Outro desempenha papel fundamental na apropriação, pela criança, da linguagem escrita e dos gestos humanos a ela vinculados. Essa condição pode ser propiciada pelo uso de aplicativos e seus arquitextos em trocas de mensagens, como apontarão as análises finais, por meio da fusão dos atos de escrever e dos de ler, sem perda de identidades: o ato novo seria o ato de *lescrever*.

Introdução

Em 2004, ao observar o movimento dos anos iniciais do século, sem descolar os olhos dos movimentos dos séculos anteriores e antevendo o movimento dos anos vindouros no campo da alfabetização, voltei às minhas leituras da década de 1960 que descreviam galáxias na configuração estelar da sociedade humana. Naqueles tempos, a escola ainda ignorava a galáxia criada pelos tipos móveis de Gutenberg. Continuou a ignorá-la nos tempos futuros. Sem entrar nela, a escola já sentia a pressão de outra: a galáxia do mundo digital.

McLuhan (1911-1980), no final da década de 1960, descrevia o impacto dos meios de comunicação de massa em uma configuração social considerada por ele como a Galáxia de Gutenberg. O homem, antes mergulhado no mundo oral, desenvolvia modos de pensar e de agir em que os olhos se destacavam como o canal privilegiado para alimentar a mente com os dados necessários para a compreensão da realidade e para agir sobre ela. A linguagem escrita, criada originariamente para os olhos, um vasto conjunto semiótico, submeteu-se, em um de seus períodos de desenvolvimento, aos ouvidos. Passou, todavia, por alterações seculares que a transformaram em artefato tecnológico dirigido prioritariamente para os olhos. Ouvir e ver o material escrito tornaram-se questões polêmicas na área dos estudos sobre a metodologia do ensino do ato de ler nos dois últimos séculos. A visão túnel descrita por Frank Smith e os modelos apoiados na base fonológica, como aponta Jean Foucambert, tornaram-se obstáculos colocados pela própria educação para impedir a entrada da criança no mundo da razão gráfica criada na galáxia de Gutenberg.

Apesar de estar em marcha, desde a década de 1960, a revolução eletrônica, os princípios fonéticos e a cultura oral ainda são eleitos por setores da investigação científica como fundamentos da metodologia de ensino da linguagem escrita. Continuam a interditar a inserção da criança na primeira era, a do impresso, já envelhecida, e a compreensão da segunda, a da galáxia digital.

Na apresentação da primeira edição brasileira de *A galáxia de Gutenberg* (1972), de Marshall McLuhan, um entusiasmado Anísio Teixeira (pouco estudado como tradutor e estudioso fervoroso desse autor) analisava os tempos tumultuados no sistema cultural do planeta nos anos 1960, mas anunciava, convencido pelo estudioso canadense, o início da era eletrônica, a *nova era tribal da aldeia mundial* e da *transformação do homem da cultura oral* (McLuhan, 1969). McLuhan antecipava configurações culturais e surpreendia a *intelligentsia* mundial e brasileira com os estudos sobre o comportamento do homem mediatizado pelos meios de comunicação considerados por ele como extensões do próprio corpo. Não conseguia vislumbrar, com todas as cores e com precisão, a redução veloz da aldeia global cultural provocada pelos satélites orbitando a Terra, pelos computadores, pelos celulares e pela internet. Antecipava a ruptura dos muros que confinavam o homem de vanguarda cultural no mundo da cultura oral. Vislumbrava a transformação desse homem em homem de cultura visual, plural, profundamente semiótico.

No prólogo da obra, o próprio McLuhan compara a era da eletricidade no século XX com a situação da sociedade tipográfica e mecânica dos séculos anteriores. Nos momentos confusos, como aquele e como esses na década de 1960, o importante seria descrever os

"[...] modos pelos quais as formas de experiência e de visão e expressão mental foram modificadas, primeiro pelo alfabeto fonético e depois pela impressão gráfica" (McLuhan, 1969, p. 18). Décadas depois, torna-se importante descrever os comportamentos do homem, consumidor de cultura de ponta, para entender as alterações em seu modo de pensar provocadas pela mídia eletrônica, que o forçam a se deslocar da impressão gráfica para o hipertexto.

Apesar de ter havido uma revolução tecnológica e sua expansão pela aldeia global, segmentos majoritários em todo o planeta, especificamente no Brasil, foram alijados do pertencimento à cultura alfabética fonética, nascida com os gregos, à cultura gráfica, iniciada por Gutenberg, e agora ao mundo veloz, plural e desconcertante da cultura digital. Apesar da criação do computador, dos *tablets*, dos celulares e de seus aplicativos, as crianças pobres, alunas de escolas brasileiras, são ensinadas a se aproximarem do texto impresso ainda com a conduta de um homem da cultura oral, como um decifrador de elementos sonoros aprisionados pelas marcas gráficas. Entre essa criança das primeiras décadas do século XXI e a da sociedade pré-tipográfica, o comportamento cultural de lidar com a escrita, apesar de haver significativa distância temporal, parece não ter evoluído muito.

Em 1882 (McLuhan, 1969), anúncios difundiam na Inglaterra a possibilidade de que a máquina de escrever poderia ser usada como instrumento auxiliar na aprendizagem da leitura e da escrita. Tal como o computador, a máquina de escrever trazia com ela a revolução nos comportamentos de escritores, políticos e jornalistas. Não modificaria, contudo, os comportamentos das crianças nas escolas. O ditar para datilógrafas e o uso intensivo do telefone permitiam ao homem dar ordens a distância e desencadearam crescimento extraordinário do material impresso. O telefone impulsionou o sistema gráfico, tal como fizeram o computador e a impressora doméstica no final do século XX e os celulares no início do XXI.

Entretanto, em 1969, McLuhan constatava que oitenta anos após 1882, a máquina de escrever era usada apenas em escolas experimentais, enquanto permanecia circunscrita, nas tradicionais, fora da sala de aula. Chamada por ele de aceleradora de informações, a máquina de escrever tornou-se completamente obsoleta 110 anos depois. O acelerador de informações passou a ser o computador, depois o celular, que, contrariamente ao que ocorreu com a máquina, esperam avançar pelas escolas de todo o mundo. O grande desafio, entretanto, ainda está em encontrar as saídas que podem levar a criança do início do século XXI a abandonar comportamentos escolares pertencentes à galáxia anterior a Gutenberg ou à primeira depois dele (Eco, 2003), para penetrar mais ainda na razão gráfica, nessa cultura ainda nem conquistada por crianças pobres do Brasil, mas já transformada pela razão eletrônica e digital, pelo mundo conectado do hipertexto, dos aplicativos, na considerada por Eco (2003) como a segunda galáxia de Gutenberg.

Se obsoleta se tornou a máquina datilográfica, não estaria também obsoleto o comportamento de aprender a ler ouvindo o som correspondente às letras, porque a conduta essencial para o desenvolvimento humano seria considerar a compreensão como base da leitura e não a sua consequência?

Essa questão aponta a complexidade que é lidar com estruturas mais complexas e superiores, fornecidas pela linguagem gráfica, agora profundamente semioticizada, organizada para os olhos, e se conectar aos conhecimentos na mente. São essas questões que nos remetem para as salas de aula das crianças no primeiro ciclo em escolas públicas do século XXI. Que caminhos a educação oferece para as crianças? Que obstáculos as políticas públicas em educação interpõem entre os que querem entrar no mundo grafoeletrônico-digital e o material escrito, no papel ou na tela? Que concepções têm os agentes educacionais sobre o ato de ler? Quais são as fontes acadêmicas que geram esse conhecimento e a serviço de qual classe social legitimam as políticas? Os modelos apoiados em base fonológicas, como aponta Foucambert

(1998), são obstáculos que interditam a configuração de outro modo de pensar para as classes dominadas, e que o poder econômico, controlador do Estado, aplica para perpetuar a dominação.

No final do século XX e início do XXI, as manifestações sociais, culturais, históricas e os comportamentos da vida cotidiana não criam mais as situações adequadas para a leitura em voz alta, exceto em momentos específicos, curtos e pragmáticos em que algum dos interlocutores não tenha, diante dos olhos, os enunciados para serem vistos. Ao alterar o seu comportamento diante do texto escrito nos últimos 50 anos, o homem também alterou as situações de leitura, a sua finalidade, a sua postura física, a atitude intelectual, o processamento e a reconstrução do pensamento. São outros os suportes, outros os dispositivos, outros os comportamentos socioculturais. Não há tempo e lugar para um ensino dos atos de leitura que privilegiem a sonorização e ensinem a criança a pronunciar.

Há, todavia, debates. Goodman (1993) anunciou o grande dilema do Senado americano, em 1989, na área do ensino da leitura. Na época, foi criada uma comissão de parlamentares que levantou alguns estudos a respeito das dificuldades apresentadas pelos americanos. Entre eles, foram destacados os de Chall (1993), que defendiam o fonetismo — o ensino da leitura como pronúncia — como saída para a melhoria do desempenho dos leitores. Goodman era citado pela comissão, ao lado de Frank Smith, como um dos defensores da leitura como um *jogo psicolinguístico de adivinhações* e do método *look and say*, que teria levado ao fracasso a aprendizagem da leitura nos Estados Unidos. Para a comissão, composta por republicanos conservadores, Chall teria a solução, baseada no uso "[...] intensivo e sistemático do método fônico" (Goodman, 1993, p. 21). Morais (1996, p. 274), estudioso português da leitura, também defendia o método fônico:

> Que relações devem ser instaladas entre decodificação e significação? As correspondências podem e devem ser aprendidas no contexto das

palavras. Não só o interesse da criança pode ser captado mais facilmente, mas também os exercícios fônicos sobre palavras contribuem para a focalização da atenção da criança sobre a letra de cada palavra e, desse modo, para a elaboração da representação mental de seus padrões ortográficos. A cópia e a escrita sob a forma de ditado de palavras recém-aprendidas reforçam a representação de seus padrões ortográficos.

Em setembro de 2003, em palestra para a Comissão de Educação do Senado brasileiro, Morais criticou Goodman, Smith e o construtivismo, destacando, por outro lado, o trabalho de Chall e de todos os que, segundo afirmava, realizam pesquisas com rigor científico. Os parlamentares brasileiros nesse período, preocupados com a esquerda que havia assumido o Poder Executivo, copiaram o movimento dos parlamentares americanos, em sincronia com movimentos conservadores mundiais. Disso resultou um relatório republicado nos anos 2020 pelo Ministério da Educação brasileiro, no auge do pensamento conservador que assolou o Brasil.

Os embates, portanto, não estão localizados num tempo remoto. Estão nos Estados Unidos, na Europa no final do século XX e início de XXI, no Brasil e, por generalização, em praticamente todos os países do mundo ocidental, em seus sistemas públicos de educação. Encontrar um novo modo de ensinar e de aprender, de acordo com as alterações culturais e comportamentais do homem do século XXI, é o desafio para educadores que se colocam ao lado dos dominados, dos oprimidos e dos marginalizados de sempre, porque a elite econômica e conservadora afia constantemente suas armas e reconfigura suas estratégias de combate. Neste enfrentamento, muitos estudiosos arejados têm feito pesquisas, mas ainda sem o pensamento radicalmente necessário para livrar a criança da sua condição de ser humano oral para assumir a condição de ser humano gráfico-digital, de olhos bem abertos e mente fresca, sem o traço rançoso do conservadorismo alienante.

Por trás da aparência e da obviedade das práticas escolares e dos princípios aparentemente científicos baseados nas ciências biológicas, escondem-se as estratégias de controle de classes. Nas linhas da História, relatam-se os comportamentos que privilegiavam o ato de ouvir, como o ato necessário para a compreensão do texto; o ato de falar o texto, como o ato de ler, e o ato de registrar palavras desconetadas, como o ato de saber escrever. Nos debates dos anos iniciais do século XXI, a discussão continua, como também continuam as práticas escolares caracterizadas pelo valor essencial atribuído à fonologia e à identificação de letras, sílabas e palavras, como se fossem práticas de leitura e de formação do leitor. Apesar de estar em marcha, desde a década de 1960, a revolução gráfica, eletrônica e digital, os conhecimentos sobre fonética, de natureza descritiva, e a cultura oral determinam ainda a metodologia de ensino da linguagem escrita.

As reflexões registradas nesta introdução fazem referência ao modo de viver e de pensar da era do manuscrito e a sua ruptura em direção à era gutenberguiana, dominada pelo impresso. Para lidar com essa galáxia, criada por Gutenberg, e rumar em direção à galáxia da era digital, organizada por computadores, é preciso revolucionar o modo de ensinar os atos de escrever e os de ler. A criança pré-Gutenberg existente no século XXI, em escolas públicas brasileiras, ainda não ingressou na galáxia de Gutenberg, mas pode, com ela, saltar para a galáxia digital da tela do computador e dos aplicativos nos celulares. Esse salto só terá consequências positivas se o professor também se lançar nesse voo em direção a uma nova galáxia, porque não bastam haver alunos e a criação de novos materiais. Se há aluno, há o seu contraponto, o professor, uma outra estrela também em busca de seu novo lugar.

Os atos culturais de ler e de escrever

Nestas duas primeiras décadas do século XXI, parece amplamente aceita a tendência na área de ensino e de aprendizagem da linguagem escrita que situa o núcleo desse processo no âmbito dos gêneros, ora considerados como gêneros textuais, ora como gêneros do discurso, ora como gêneros da palavra. Faço referência à expressão gênero da palavra (*genres de la parole*), menos usada no Brasil, porque a tradução da expressão *gêneros do discurso* a partir de obras russas foi submetida a reparos na França a partir de 2007. Permito-me registrar o trecho em que Sériot (2007, p. 40) expõe o tema para debate, ao comentar as traduções de Bakhtin para o inglês e para a primeira edição de *Marxismo e filosofia da linguagem* para o francês em 1977:

> Ora, Bakhtin não falou evidentemente de "gêneros do discurso"; levando-se em conta que ele escreveu "rečevye žanry", é dessas palavras que é preciso partir, e as interrogar de início, antes de toda discussão sobre as diferentes exegeses. Se se tinha traduzido *rečevye žanry* por *registros da palavra*, é sem dúvida uma outra direção que teria sido seguida, uma outra afiliação de termos e de conceitos a que teriam sido feitas referências. Far-se-á aqui a escolha experimental de traduzir por

"gêneros da palavra" e de estudar suas consequências interpretativas da escolha dessa tradução.

Não será essa divergência o objeto de discussão, já que empregarei a expressão gênero do enunciado. Insiro a citação apenas para apontar que a expressão não é consensual. O núcleo da discussão aqui deverá se situar em torno da eleição do objeto fundamental que ocuparia o lugar central no processo de aprendizagem desse instrumento histórico, cultural e social chamado linguagem escrita. O problema se aprofunda um pouco mais quando se indaga a respeito do lugar que o homem ocupa na eleição desse objeto, isto é, se dele se afasta para melhor o ensinar ou se com ele se funde para o aprendiz compreendê-lo como um instrumento que ganha valor e importância exatamente por ter vida nas relações entre os homens. Para iniciar as discussões em torno desta temática, recorro às críticas que Coutinho (2010) fazia, já na década de 1970, ao avanço dos princípios estruturalistas no terreno da linguística que, pela inércia própria de matrizes de estudos gramaticais, descritivos ou normativos, influenciaram a nomenclatura e o núcleo do objeto a ser ensinado em escolas — a *Comunicação e Expressão* — e a delinear os objetos principais do ensino na área da linguagem, fundamentados na teoria da comunicação.

Coutinho (2010) analisa o movimento das ciências humanas sob dois aspectos, um que considera como filosofia do progresso e outro como filosofia da decadência. Os debates entre esses dois movimentos culminam no desenvolvimento de estratégias, pouco perceptíveis ao olhar ingênuo, desencadeadas pela filosofia da decadência que se mascara como filosofia do progresso. Precisamente, ele vê o nascimento do estruturalismo na linguística e seu desdobramento hegemônico para as demais áreas do conhecimento como a tentativa de construir o modelo supremo de inteligibilidade dos fatos sociais. Ela funda, como define ele, "[...] um método objetivo, racionalista, de análise social" (Coutinho, 2010, p. 78). Sua crítica se estende ao ponto de partida, ao pensamento de Saussure (o primeiro Saussure) que ele localiza no que chama de miséria da razão, isto é, no campo da ciência formal, objetiva, descritiva, porque o linguista genebrino, entre *langue* e *parole*, opta por estudar a *langue*, uma vez que reconhece a prevalência da estabilidade da *langue* sobre a instabilidade da *parole*.

Coutinho (2010), na esteira dos princípios marxianos, entende que, para Marx, a ciência fundamental é a economia, mas, como contraponto a essa visão, os estruturalistas elegem, para esse mesmo patamar, a linguística. Coutinho, todavia, em seu escrito publicado inicialmente nos anos 1970, não teve encontro com as obras de autores russos que fizeram parte de um curto e efêmero círculo, considerado por alguns pesquisadores como o Círculo de Bakhtin.

Volóchinov (1895-1936), Medvedev (1891-1938) e Bakhtin (1895-1975) viveram o período pós-revolucionário na Rússia, o mesmo em que viveu o jovem formalista e posteriormente ícone do estruturalismo no ocidente, Roman Jakobson (1896-1982). Viveram o mesmo período de revolução nos objetos de pesquisa, nas artes, nas metodologias investigativas, nas concepções de sociedade e nos princípios epistemológicos, alimentados pelas ondas marxianas de natureza política e econômica. Entretanto, os membros do círculo, como os formalistas, viram nos estudos de linguagem a referência fundamental para a compreensão das relações humanas. Houve aí uma convergência, mas, no seu interior, também uma divergência. Coutinho apenas observou a evolução do movimento estruturalista nascido na Suíça, sem anotar a sua entrada na Rússia e os debates que lá ocorreram, tanto em Petrogrado, onde moraram e estudaram os integrantes do círculo bakhtiniano, quanto em Moscou, onde vivera Jakobson, que depois se deslocaria para Praga e, posteriormente, para os EUA. Ali, naqueles tempos, apesar de terem escolhido a linguagem, de modo geral, e eu incluiria a linguagem escrita, de modo específico, como alavanca de um novo homem, os dois grupos tomaram decisões divergentes. Enquanto os estruturalistas, na esteira do pensamento saussuriano, elegiam a linguística como sua ciência, e a língua estável e sincrônica como seu objeto, Volóchinov, Medvedev e Bakhtin escolhiam a filosofia da linguagem como referência, especificamente o enunciado, a instabilidade, o inconcluso, a palavra na vida, o ato humano de linguagem como seu objeto. Sobre essas escolhas, assim se manifesta Faraco (2009, p. 29):

> Destacamos anteriormente que a questão da linguagem marca de modo bastante peculiar a contribuição do Círculo de Bakhtin para o pensamento contemporâneo. A entrada dessa questão nas preocupações do Círculo, por sua vez, foi responsável por dar novas direções ao desenvolvimento de seu próprio pensamento. Pode-se dizer, nesse sentido, que ocorre, nos debates intelectuais, uma espécie de virada linguística por volta de 1925/1926.

A tendência em dar destaque aos estudos de linguagem, portanto, não foi própria dos afiliados à filosofia da linguagem, já que fora uma vaga que invadira as universidades e o pensamento dos intelectuais no movimento russo pós-revolucionário, coincidente com o fim do período leninista e a ascensão do stalinista. Especificamente, no que concerne a Volóchinov, a Medvedev e a Bakhtin, essa tomada de decisão deu início a escritos que se tornariam nucleares para a compreensão do seu pensamento, e como pilares dos princípios teóricos que influenciam a linguagem escrita como objeto de pesquisa e de ensino em áreas permeáveis a esse debate. Faraco (2009, p. 30) aponta alguns desses princípios, nascidos ali, naquele tempo:

> Há, portanto, por volta de 1925/1926, uma confluência do Círculo para a temática da linguagem. Nela se casarão as preocupações nucleares de Bakhtin (a temática axiológica, a questão do evento único do Ser e a relação *eu/outro*), o interesse acadêmico de Voloshínov (que se dedicava, nessa época, a estudos linguísticos) e o projeto deste e de Medvedev de elaborar um método sociológico para os estudos

de linguagem, da literatura e das manifestações da chamada cultura imaterial como um todo.

Apesar da coincidência dos estudos, motivada pelas discussões da época, há um largo distanciamento na escolha dos objetos. Volóchinov, em *Marxismo e filosofia da linguagem* (2010; 2017), faz severas críticas às ideias de Saussure, situadas por ele como representante do objetivismo abstrato, e às de Humboldt (1767-1835) e às de Vossler (1872-1949), considerados representantes do subjetivismo idealista. Entretanto, leitores críticos de sua obra afirmam que não há razão para essas críticas, porque os objetos são distintos; enquanto Saussure escolhe a língua, Volóchinov escolhe os atos de linguagem. Bakhtin, nas palavras de Faraco, ao optar pela translinguística — que daria origem a sua inclinação para a filosofia da linguagem —, não desconsidera o outro objeto de pesquisa, a língua, eleito pela linguística. Cada uma escolhe seu objeto, mas resta decidir qual deles pode contribuir de maneira profunda e específica para o ensino dos atos de linguagem escrita, históricos, culturais e sociais, a serem ensinados de uma geração para a outra. A respeito das observações de Bakhtin, assim se manifesta Faraco (2009, p. 104 *apud* Bakhtin, 1984, p.181, grifos do autor):

> Embora propostas como duas disciplinas distintas, Bakhtin as entende em permanente correlação, o que o leva a dizer também que seus limites, na prática, são violados com muita frequência [...] Bakhtin tinha, portanto, clareza de que o objeto de seu interesse, *grosso modo* apresentado como *discurso*, isto é, a língua em sua totalidade concreta e viva, e não a língua como o objeto específico da linguística, obtido por meio de uma abstração totalmente legítima e necessária de vários aspectos da vida concreta da palavra [*slovo*].

A crítica, contudo, que Coutinho (2010) faz a Saussure é por ele considerar somente o homogêneo e o estável como passíveis de apreensão racional. Desqualifica, deste modo, o contraditório, o movimento cultural, social e histórico da linguagem que rola pelas bocas e pelos dedos dos homens. Para Coutinho, o estruturalismo empobrece o objeto e o enquadra em um conceito de manipulação, porque "[...] a manipulação decompõe o objeto em unidades simples imediatamente utilizáveis e combina tais elementos isolados em função de uma finalidade assumida heteronomamente, ou seja, sem o questionamento de seu valor racional e de suas implicações humanas" (Coutinho, 2010, p. 91). O reparo ao estruturalismo na linguística feito por Coutinho encontra, na filosofia da linguagem de Volóchinov, de Medvedev e de Bakhtin, as possibilidades de considerar os estudos de linguagem, situados na superestrutura, como fundamentais para compreender as relações humanas no âmbito da infraestrutura, da produção, da manipulação e do discurso como instrumento de poder.

Assumido o enunciado, que se manifesta em *gêneros do enunciado*, como objeto de ensino e a filosofia da linguagem como a área de estudos por ele responsável, torna-se necessário encaminhar os temas que virão na sequência.

O primeiro tema parte da proposição de que, ao fazer uso de um modo múltiplo e ao mesmo tempo profundo dos enunciados escritos — ao ler e ao escrever — veiculados em gêneros do enunciado, em processos claramente dialógicos, nas diferentes esferas da vida, o homem também aprofunda o desenvolvimento intelectual de si mesmo, de um modo de pensar gráfico, isto é, de uma consciência gráfica; aprofunda o desenvolvimento de sua condição humana e, por essa mesma razão, colabora para a evolução da própria espécie, de um ponto de vista filogenético.

O segundo tema decorre do primeiro. O núcleo do objeto a ser ensinado se situa na fusão entre o homem e os enunciados escritos, isto é, na forma como ele usa a linguagem escrita nas esferas da vida, na relação com o Outro, e no modo como escolhe os gêneros e os suportes onde a escrita se inscreve. O objeto não seria apartado do ato humano para ser ensinado, uma vez que é o ato humano de escrever e de ler, cultural, social e historicamente elaborado, que se tornaria o objeto de ensino e de aprendizagem. O homem não se separa do objeto que ele usa para ensiná-lo ao Outro. Se assim fizer, o objeto coisifica o homem. A conclusão destaca a função fundamental dos atos como enunciados escritos no desenvolvimento da consciência humana.

A linguagem escrita, aqui concebida como instrumento de cultura, encarna, como todos os instrumentos criados pelos homens em suas relações sociais e históricas, os valores humanos e as suas funções nessas relações, que transformam o próprio instrumento e por ele são transformados durante o movimento histórico. A linguagem escrita, criada e transformada pelos homens ao longo de um movimento social e histórico, é, como todo instrumento, extensão do corpo e da consciência, e, por essa razão, a consciência se amplia ao alargar as suas fronteiras. Por mais que a linguagem oral tenha suas funções de desenvolvimento da consciência, a escrita, sem ser dela o espelho por ter suas próprias características e funções culturais, revela-se como instrumento diferente e complexo para o desenvolvimento do homem no conjunto da espécie humana.

Esse instrumento, entretanto, não resulta da manipulação pelo homem, mas de sua apropriação. Ao estabelecer traços distintos entre manipulação e apropriação, Coutinho (2010, p. 93), afirma que "[...] quando o homem reduz a realidade a simples objeto de manipulação, empobrece simultaneamente sua própria essência, convertendo-se assim, por sua vez, em outro objeto manipulável". Vista desse modo, a linguagem escrita, como objeto de ensino de uma geração a outra, pode ser manipulada ou apropriada pelos sujeitos em suas relações escolares. Há, como afirma Coutinho (2010), uma práxis apropriadora e uma práxis manipuladora; enquanto esta aliena, a outra amplia a consciência humana. Para ele, "[...] a manipulação impede não apenas a apreensão rica e explicitada da objetividade, mas também a correta consciência do significado humano e social da práxis" (Coutinho, 2010, p. 93).

É nessa mesma perspectiva que quero entender a linguagem escrita, e, com certo atrevimento, concordar, mas ampliar o pensamento de Coutinho (2010), porque ela não poderá ser nunca um objeto de manipulação, mas, possivelmente, também não só um objeto de apropriação, porque nas duas situações ela se encontra fora das relações humanas. Apesar de a apropriação ser condição histórica concebida pelo pensamento marxiano de Coutinho, pode-se entendê-la como instrumento constitutivo da consciência humana, constituído mesmo nas relações humanas, já que na ausência dessas relações ela não se constitui, porque depende do homem para vir a ser. Por razões como essa é que Coutinho critica a herança linguística baseada no primeiro Saussure que se afasta do exame dos enunciados escritos, vivos no reino da *parole*, porque ali, nesse reino, as regras e as leis estáticas não conseguem manipular a constituição da consciência humana pela linguagem. Para Saussure (*apud* Coutinho, 2010, p. 83), "[...] não se pode aplicar a noção de lei aos fatos evolutivos; não se fala em lei senão quando um conjunto de fatos obedece à mesma regra; e, malgrado certas aparências contrárias, os acontecimentos diacrônicos têm sempre um caráter acidental e particular".

Os enunciados e os gêneros

Evolutivos, diacrônicos, históricos, sociais, culturais, sobretudo axiológicos (Volóchinov, 2017), os enunciados tornam-se os objetos de análise da linguagem. Acrescento que, no caso do ensino, são os enunciados escritos os objetos, que não se encontram fora dos homens, mas são criados ininterruptamente no fluxo verbal. Por isso, não são controláveis por regras e leis, mas livres, como livre é a consciência humana. Esses enunciados escritos dependem, para sua criação, das situações extraverbais, base primeira de onde os homens criam os fatos sociais e os de linguagem. Essas situações extraverbais permitem a criação dos enunciados orais e escritos organizados em estruturas mais ou menos estáveis, às quais tanto Bakhtin (2016), quanto Medvedev (2012), quanto Volóchinov (2010; 2017) chamaram de gêneros da palavra ou dos enunciados. Tendo como traço fundamental o diálogo entre os homens, o gênero que agasalha os enunciados escritos constitui-se fundamentalmente de componentes materiais ou imateriais que não podem ser desprezados em sua análise, nem em seu ensino, porque são eles as unidades constitutivas de um todo.

Aqui as reflexões tomam como referência o princípio de que, analisado inicial e prioritariamente a partir de seus componentes constitutivos estáveis, o gênero perde o seu estatuto de manifestação verbal dialógica, se examinado à margem das condições socioculturais de sua criação. Uma análise formalista o reifica, como alerta Bakhtin em *Os gêneros do discurso* (2016). Para escapar dessas armadilhas, Volochinov (2010) afirma, em seu *Rapport d'activité 1927-1928* (*Relatório de atividades de 1927-1928*), que a troca verbal não pode ser compreendida, nem explicada, fora de uma situação concreta. Por isso, propõe estudos de linguagem metodologicamente fundados em uma ordem sequencial: a princípio, as formas e os tipos de interação verbal em relação com suas condições concretas; em seguida, as formas de enunciados singulares e de intervenções verbais singulares em relações estreitas com a interação, da qual elas são elementos constitutivos, e, a partir daí, um reexame das formas da língua em seu tratamento linguístico.

Em síntese, ele propõe destacar as situações das trocas sociais; depois, a troca verbal e a interação verbal nessas situações; em seguida, no interior destas últimas, observar as formas das intervenções verbais; e, finalmente, como isso se reflete nas mudanças das formas da língua. Estabelecer estreitas relações entre os fatos sociais e as manifestações verbais possibilita a análise das unidades constitutivas do gênero no processo dialógico, sem que a estabilidade dessas unidades as transforme em simples elementos e aniquile o seu núcleo de plasticidade criativa. A conclusão é a de que, nas situações educacionais, uma visão monista do gênero não pode ser desconsiderada, sob o risco de ele ser encarcerado em uma estrutura fixa com o consequente apagamento da sua função fundamental: a de fazer desenvolver o pensamento, como pressupõe Volochinov (2010, p. 185) ao afirmar que não há desenvolvimento do pensamento fora da troca verbal:

> De outro lado, todo fenômeno ideológico no curso de sua formação passa pelo psiquismo como instância necessária. Deve-se repetir: todo signo ideológico externo, qualquer que seja sua natureza, está banhado por todos os lados pelos signos internos, quer dizer, a consciência. Ele nasce desse oceano de signos internos e continua a viver aí, porque a vida do signo externo é constituída pelo processo constantemente renovado de sua compreensão, de sua experimentação na vida, de sua assimilação, quer dizer, do fato que se o introduz de maneira nova no contexto interior.

Ao propor uma metodologia de análise apoiada no conceito de gênero, de enunciado e de troca verbal, Volóchinov volta suas críticas para estudos linguísticos que em sua época floresciam amparados pelo pensamento estruturalista:

> Nos tempos atuais, a linguística estabeleceu uma distinção entre as *funções da linguagem*; elas são habitualmente em número de cinco (alguns linguistas as contam mais, outros menos): as funções *comunicativa, expressiva, nominativa, estética e cognitiva* (a linguagem como um vir a ser do pensamento). Ora, esta teoria de funções de linguagem deve ser inteiramente remanejada sobre bases metodológicas novas. É metodologicamente perfeitamente inaceitável colocar a *função comunicativa da linguagem sobre o mesmo plano* que suas outras funções (expressiva, nominativa etc.). A função comunicativa não é unicamente uma das funções da linguagem; ela exprime ao contrário a sua própria essência: *aqui onde há linguagem, há troca*. Todas as funções da linguagem se desenvolvem sobre a base da troca, por isso elas são apenas nuances (Volochinov, 2010, p. 514-515, grifos do autor).

Tomando-se as duas citações anteriores, algumas conclusões podem ser tiradas no que se refere às situações de ensino da linguagem que as escolas teriam de enfrentar, mas não podem avançar nessa direção se forem consideradas as condições nas quais se encontram professores e instituições sob as forças centrípetas das demandas e das configurações da sociedade. Somente refundadas poderiam dar conta da proposta de Voloshinov de preservar a situação extraverbal que dá origem a enunciados e gêneros durante o exame e o ensino da linguagem, uma vez que o modo como atualmente está a escola organizada impede a relação estreita entre ela e a vida, portanto, entre enunciados e situações extraverbais.

Entretanto, Voloshinov insiste que a essência da linguagem é seu caráter de troca verbal, e a situação extraverbal é constituinte do gênero criado em situação dialógica. Por outro olhar, não distanciado deste, essa *troca verbal*, entendida pelos tradutores de *Marxismo e filosofia da linguagem* para o francês como melhor expressão que o termo *comunicação*, impregna socialmente a consciência dos homens por meio dos signos, e, no caso da escola, pode-se falar em troca verbal por intermédio de enunciados escritos, portanto, de signos de natureza ideológica, constituintes da consciência.

O ensino dos atos culturais de escrever e de ler

Concebida como instrumento sócio-histórico-cultural ou como conteúdo curricular em instituições escolares, a linguagem escrita, em ambos os casos, ganha o desenho de um objeto a ser ensinado apartado das relações humanas, como se fosse um objeto das ciências da natureza. Uma rápida incursão por antigos livros didáticos, ou por documentos oficiais vigentes em 2022 responsáveis por determinar, orientar ou recomendar conteúdos curriculares, revela a seleção, ora de tópicos de gramática normativa, ora de estruturas de tipos de textos. De um modo ou de outro, as escolhas são por objetos descolados das múltiplas atividades humanas com a escrita — para ler ou para escrever — que solicitam o reconhecimento de situações extraverbais especificamente humanas.

Contudo, o objeto — a linguagem escrita — só ganha o estatuto de objeto se estiver fundido com os próprios atos humanos de ler e de escrever, que se dá com o apoio de suportes físicos ou virtuais. Os atos humanos, e a linguagem escrita materializada em signos, em enunciados, em gêneros, em suportes, com a intenção de ser remetida ao Outro, embebidos pelas situações criadas nas relações humanas, tornam-se o núcleo do conteúdo a ser ensinado. Mais do que vir a ser um instrumento de comunicação, a linguagem escrita obtém uma função mais nobre e profunda, a de se prestar como instrumento do pensamento, e de um pensamento específico: o gráfico. Visto por esse ângulo, o objeto de ensino não seria simplesmente a linguagem escrita nas duas versões — leitura e escrita —, mas os atos humanos com a linguagem escrita em toda sua multiplicidade de funções nas esferas da vida, apoiada em seus múltiplos suportes. O objeto de natureza social e cultural passa, assim, a existir porque vive agregado ao homem e dele não se separa. Ele só existe porque o homem o cria, diferentemente dos objetos das ciências naturais. É com esse estatuto que a linguagem escrita poderia invadir currículos e salas de aula.

Recorro a dois trabalhos de Bakhtin para enfatizar a importância dos atos humanos e sua relação com o conteúdo cultural. Em um dos seus primeiros trabalhos, um jovem Bakhtin filósofo em *Para uma filosofia do ato responsável* (2010), escrito entre 1920-1924, criticava o distanciamento entre os atos humanos e a realidade histórica, e a decorrente perda de sentido desses atos:

> A característica que é comum ao pensamento teórico-discursivo (nas ciências naturais e na filosofia), à representação-descrição histórica e à percepção estética e que é particularmente importante para nossa análise

é esta: todas essas atividades estabelecem uma separação de princípio entre o conteúdo-sentido de um determinado ato-atividade e a realidade histórica de seu existir, sua vivência realmente irrepetível; como consequência, esse ato perde precisamente seu valor, a sua unidade de vivo vir a ser e autodeterminação (Bakhtin, 2010, p. 42).

O núcleo do ato se situaria, deste modo, na sua relação com a vida, porque fora dela o ato humano não teria mais esse estatuto. Aporto essa ideia aos atos de ler e de escrever escolares sugeridos pelos manuais curriculares, que não são atos, uma vez que há separação entre eles e o objeto. Nessa separação, quem assume o papel principal é o próprio objeto em vez do ato humano com ele praticado, historicamente realizado. Na mesma obra, Bakhtin (2010) insiste na relação entre ato e vida, na intenção humana que impregna o objeto, na relação entre mim e o Outro, condições próprias e necessárias para o ato ter existência:

> O ato deve encontrar um único plano unitário para refletir-se em ambas as direções, no seu sentido e em seu existir; deve encontrar a unidade de uma responsabilidade bidirecional, seja em relação ao seu conteúdo (responsabilidade especial), seja em relação ao seu existir (responsabilidade moral), de modo que a responsabilidade especial deve ser um momento incorporado de uma única e unitária responsabilidade moral. Somente assim se pode superar a perniciosa separação e a mútua impenetrabilidade entre cultura e vida (Bakhtin, 2010, p. 45).

Aqui o destaque ao ato é dado na relação entre o conteúdo — responsabilidade especial — e o existir do ato — responsabilidade moral — para a superação da dicotomia entre cultura e vida, entre a criação ideológica e situações de vida, que se situam na valoração do ato de escrever e de ler, como atos com conteúdo e moralidade, com conteúdo e vontade/responsabilidade/intenção estabelecidos em relação com o Outro na esfera da vida. Nas situações escolares, todavia, os conteúdos se distanciam dos atos com a linguagem escrita, e estes atos se esvaziam de vontade, de responsabilidade e de intenção.

A dimensão da relação do sujeito, socialmente formado, com os conteúdos de ensino na escola não foi, contudo, negligenciada por um amadurecido Bakhtin, professor de língua russa, na obra *Questões de estilística no ensino da língua* (2013), escrita entre 1942 e 1945. Ao comentar as condutas de professores e as recomendações dos manuais de ensino do russo sobre o ensino da transformação de uma oração subordinada adjetiva, com emprego do pronome relativo *que*, em uma oração reduzida pelo uso do particípio passado do verbo, Bakhtin as critica por não apontarem o objetivo de tal transformação e, por consequência, a ausência do ato humano — responsabilidade moral — nessa transformação:

> Por exemplo, o aluno aprende em quais condições uma oração subordinada adjetiva pode ser transformada em um particípio e quando tal mudança é impossível, além de tomar conhecimento da técnica gramatical dessa conversão. Entretanto, nem os professores nem o manual explicam ao aluno quando e para que essa alteração é feita. Involuntariamente o aluno se pergunta: para que preciso saber fazer tal transformação, se não entendo seu objetivo? Está claro que o ponto de vista estritamente gramatical não é em absoluto suficiente em tais situações (Bakhtin, 2013, p. 25).

Por fim, para concluir este tópico, recorro a outro trecho de um amadurecido Bakhtin, professor, que dialogava com seus alunos e os avaliava na condição de aprendizes que se formavam como seres humanos por meio da linguagem escrita. Suas observações registravam que os alunos sabiam reconhecer o fato gramatical, ou a constituição da oração em um texto, mas não sabiam encarná-lo em seu próprio texto. Nos escritos posteriores, de 1950, sobre gêneros, Bakhtin (2016) vai estabelecer a diferença entre oração, um fato gramatical, e enunciado, um fato da linguagem viva.

No trecho a seguir, essa questão é discutida, embora não de forma explícita:

> Os ditados e as conversas posteriores com os alunos convenceram-me de que, ao encontrar o período composto sem conjunção em um texto alheio pronto, os alunos o entendiam bem, lembravam-se das regras e quase não erravam na pontuação. Porém, ao mesmo tempo eles não sabiam em absoluto utilizar essa forma em seus próprios textos, não sabiam utilizá-la de modo criativo. Isso aconteceu porque o significado estilístico dessa forma maravilhosa não foi devidamente abordado na 7ª série. Os alunos não sabiam seu valor. Seria preciso mostrar a sua importância para eles (Bakhtin, 2013, p. 29).

Além das conversas, ele usava a técnica de ditado e ali observava o emprego correto ou incorreto de pontuação. Não é o objetivo aqui discutir esta conduta pedagógica, mas hoje ela causaria estranheza, porque essa pontuação não era a que o aluno deveria decidir colocar no papel, uma vez que o texto ouvido não era dele, aluno, mas alheio a ele, ditado por Bakhtin. Era uma pontuação correta ou incorreta somente ao ser comparada com o texto original. Por isso, ele percebe que na análise fria da oração, ou na transcrição fria do trecho oral, os alunos aplicavam a pontuação, mas não adequadamente em textos próprios. Analisar é um procedimento, mas escrever é outro, com suas próprias especificidades. Um lida com a oração, como fato gramatical. O outro lida com o enunciado, um fato da linguagem, em que o sujeito arrisca, escolhe, decide, registra, apaga, rascunha. É o estilo, apropriado e composto no curso da aprendizagem dos enunciados dos outros e experimentados em gêneros criados pelo aprendiz, que dá o toque subjetivo a essa apropriação/formação social, cultural e histórica.

O arremate desse alinhavo textual, tecido e escorado nos escritos de Coutinho, Bakhtin e Voloshinov, tem apenas a função de reafirmar a constatação das fronteiras frágeis, por isso mesmo suscetíveis de violação, no delineamento do objeto a ser ensinado como linguagem escrita em instituições escolares. Fronteiras são feitas para serem violadas, as políticas e as intelectuais, as que definem objetos e campos do saber, as que agrupam conteúdos e as que agrupam metodologias. Suas marcas frágeis de delimitação resultam de posições teóricas assumidas e, no tema aqui discutido, o delineamento das fronteiras entre a língua escrita, tomada como objeto isolado, tecnicamente linguístico, gramatical, apartado do sujeito, e a linguagem escrita considerada em sua dimensão diacrônica, cultural, ideológica, social, cunhada por signos de natureza axiológica, indica uma visão teórica com desdobramentos metodológicos na área da pesquisa ou na do ensino.

Volóchinov (2010; 2017) elegeu o enunciado concreto como seu objeto de pesquisa, mas analisa suas construções de um ponto de vista axiológico e também diacrônico com o apoio de conceitos linguísticos. Bakhtin (2013), apesar de se apresentar como um filósofo da linguagem, também não abandona nem desqualifica os recursos oferecidos pela linguística para a análise dos enunciados e dos gêneros. Eles próprios tecem linhas fronteiriças, mas as violam, como é da natureza do próprio conhecimento. Resta admitir que as opções teóricas não deslocam os estudiosos para as linhas das fronteiras, mas os situam no interior de um campo teórico e metodológico por elas fragilmente delimitado.

Neste capítulo, minha atenção nuclear foi a de rediscutir o objeto a ser ensinado e apropriado pelas crianças — a língua como sistema ou os atos humanos embebidos com linguagem escrita. Para mim, a segunda opção é o real objeto. Essa natureza o torna muito mais complexo, porque complexos são os atos humanos. No próximo capítulo, inicio a abordagem de uma temática que vai percorrer toda esta obra, já anunciada na introdução: a natureza semiótica da linguagem escrita, em vez de uma visão predominante alfabética, desloca o eixo do ensino e da aprendizagem do objeto e o insere no mundo digital. Práticas pedagógicas baseadas na sua formação excluvisamente alfabética revelam-se anacrônicas e inconcebíveis para o futuro próximo.

A linguagem escrita e sua natureza multissemiótica

Entre as preocupações de um pesquisador, quando se debruça sobre o teclado para escrever, está a de evitar que seu escrito seja datado, que envelheça rapidamente, ou ainda que tenha vida curta por se alimentar de dados contextuais e os devorar celeremente. Creio ser impossível elaborar análises que abordem a temática da alfabetização sem que seus alicerces estejam fincados nos embates da configuração social e cultural de sua época. Estes meus argumentos querem, de fato, tecer justificativas concernentes à abordagem do tema ou de sua escolha para a introdução de fundamentos teóricos, para mapeamentos de fenômenos históricos, sociais e culturais, e também para projeções de futuro.

Houve e há ainda grupos acadêmicos alojados na educação, ou fora dela, a fornecer fundamentos teóricos para a defesa do argumento de que a referência para a linguagem escrita é a linguagem oral, de que a da letra seja o som, de que a do grafema seja o fonema, e de que a preocupação com os sentidos seja um dado que corre por fora ou imediatamente posterior a tudo isso. Na base está um postulado intocável: a linguagem escrita ocidental é alfabética, quer dizer, desde sua origem grega (um ponto histórico em sua evolução) seu desenvolvimento se baseia no princípio linear de uma sequência gráfica em que o elemento sonoro precede e determina o elemento gráfico.

Neste cenário em que há poucos incômodos conceituais para a maioria dos estudiosos, algumas indagações merecem atenção, entre as quais: 1. A linguagem escrita permanece mesmo, em seu cerne, alfabética desde a sua origem grega até os dias atuais? 2. Despreza a sua origem mesopotâmica como imagem? 3. Conseguiu ela se manter incólume ao longo da evolução dos interesses e das intenções dos homens, de suportes reinventados, de instrumentos criados e de gestos refeitos? 4. Qual seria o objeto a ser ensinado pelos homens em sociedade e na vida escolar a seus filhos — a linguagem escrita ou os atos culturais impregnados por ela e existentes na vida exatamente em virtude de seu uso cotidiano? 5. A base desses atos com a escrita seria a linguagem oral e suas unidades, ou eles próprios, quer dizer, se os atos com a escrita são o objeto de ensino e de aprendizagem, não deveriam ser eles mesmos a sua própria referência, concretos, instáveis e, sobretudo, visíveis?

Para esboçar as respostas a essas interrogações que a mim venho fazendo, pretendo neste capítulo alinhavar e bem costurar os seguintes temas: 1. A natureza alfabética hegemônica da língua escrita; 2. O redirecionamento do vínculo clássico entre elementos materiais da linguagem oral e da linguagem escrita em direção a outro, o de sua natureza imaterial, a do sentido; 3. O delineamento do objeto de ensino e de aprendizagem no campo da alfabetização, em continuidade ao capítulo precedente; 4. As relações históricas, sociais e culturais entre situação social, suportes, instrumentos e gestos na aprendizagem do ato de ler e do de escrever, precisamente nesta ordem sequencial; 5. Especulações em torno da velha metodologia de avaliação, o ditado; 6. A leitura como porta de entrada no mundo da cultura escrita; 7. A porta escancarada da escrita no mundo digital; 8. Projeções para o futuro das crianças que vão nascer.

A língua escrita como configuração visual

As pesquisas no campo da alfabetização no mundo ocidental e no Brasil, especificamente, tomam como postulado inquestionável a concepção de que a língua escrita é de natureza alfabética que, *grosso modo*, toma como referência um dos períodos de suas curvas evolutivas em que fonemas foram isolados e a eles os homens fizeram corresponder figuras chamadas letras. Esse postulado nascido e alimentado no Ocidente não encontrará correspondência clara em sistemas originários de línguas escritas no mundo não ocidental.

Estudos recentes vindos do campo, não do da linguística nem do da filosofia da linguagem, mas do da antropologia, recuam mais ainda o tempo da criação da escrita, antes do período grego da inserção de registro de vogais e de sua *performance* alfabética, com o intuito de defender outro princípio: o de que o caráter de figura da escrita em tempos anteriores não foi totalmente engolido pela relação entre elementos materiais — sons/sinais do princípio alfabético —, mas resta presente, ainda que ostracizado por estudos enviesados que dão suporte à elaboração de métodos ou de metodologias que assumem o controle do processo de fazer, de crianças, pessoas alfabetizadas, por terem dominado uma lógica de correspondência entre esses elementos materiais — sons e letras. Se esse postulado sofrer abalos, abaladas serão também as metodologias de alfabetização, as tradicionais e as vigentes.

Para ensaiar uma certa desconfiança em relação ao postulado alfabético aparentemente inquestionável e da relação linear intocável entre língua oral-língua escrita, terei de recorrer a pesquisadores da antropologia e às análises que fazem de sistemas antigos de escrita.

A pesquisadora alemã Krämer (2016), uma das herdeiras do pensamento de Harris (1931-2015), registra assim o lugar-comum dos entendimentos a respeito da relação entre oralidade e escrita: "Que significa 'escrita'? Há poucas questões às quais parece muito fácil responder: a escrita é a fala notada, registrada. Ela fixa a fala volátil e ela separa, distancia a comunicação linguística do discurso ligado à situação de enunciação" (Krämer, 2016, p. 1, tradução minha). Essas afirmações triviais são, para Krämer, aparências de um fenômeno, aceitas como essenciais, referendadas por incomensuráveis pesquisas no campo da alfabetização, ou da *literacy*. Ela destaca uma dessas obras polêmicas escritas no final do século passado, originariamente em alemão, que analisa a escrita e seus usos, mas da qual ela discorda em alguns aspectos. Inicialmente, ela apresenta o ponto de vista ali expresso no que se refere ao campo a que pertence a escrita:

> Mas a redescoberta da alfabetização (*literacy*) deixou intocável a ideia tradicional segundo a qual, na perspectiva da bifurcação tradicional entre língua e imagem, a escrita pertence ao campo da língua. A escrita considerada como uma forma de língua e não como uma imagem. A obra *Schrift und Schriftlichkeit (Writing and its use — Escrita e seus usos)*, que junta os resultados do debate sobre alfabetização (*literacy*), define a escrita como "o conjunto de signos gráficos graças aos quais a língua oral é fixada" (Krämer, 2016, p. 1, tradução minha).

Sutilmente, lança uma dúvida sobre o campo exclusivo ao qual deve a escrita pertencer, se ao campo mesmo da língua, porque ela poderia também se vincular ao campo da imagem, já que foi desse campo que ela nasceu: a imagem registrava os sentidos; não notava a sequência sonora da oralidade. Se nesse trecho ela deixa entrever dúvidas, no final do parágrafo expõe uma tese com absoluta clareza e contundência: "Nós chamamos essa concepção, segundo a qual a escrita seria a língua oral fixada, de dogma fonográfico" (Krämer, 2016, p. 1, tradução minha).

Esse dogma não permanece, todavia, intocável. Ele está sendo erodido por alguns movimentos de ideias e por novas configurações sociais, entre as quais destaco três temas da lista feita pela pesquisadora:

1. O papel das escritas não alfabéticas e não europeias — não somente para a comunicação, mas também para o pensamento; 2. O computador é reconhecido como máquina de escrever e discute-se o papel da escrita como base da digitalização e da programação de um lado, e como base da comunicação da internet, de outro; 3. Os elementos ideográficos no desenvolvimento das escritas, a saber, os marcadores gráficos que não têm correspondentes na língua oral, suscitam interesse (Krämer, 2016, p. 2-3).

A mim interessa considerar o papel da escrita na constituição do pensamento, como já anunciara Vigotski (2001), mais do que o de ser um instrumento de comunicação, especialmente o destaque do papel de escritas consideradas não alfabéticas que solapam a primazia do princípio alfabético como constituinte irrefutável das línguas derivadas do latim. A escrita se vincula diretamente ao pensamento, portanto, aos sentidos, em vez de se submeter à mediação da língua oral para lidar com essas relações. Como dizia Vigotski, se a linguagem é constitutiva do pensamento verbalizado, depreende-se que a escrita é constitutiva do pensamento verbal gráfico.

A era digital, com seus pilares fincados na linguagem visual, evidencia as relações entre dispositivos, aplicativos, suportes, escrita, sua disposição e sua circulação. Essa configuração de dados toca profundamente a escrita e reaviva a natureza figurativa de sua formação, aparentemente perdida ou sufocada pela suposta e inabalável concepção alfabética. A linguagem escrita circulante nos aplicativos erode a hegemonia do alfabético por resultar da relação entre signos gráficos e suportes. Dessa relação, em que a escrita é recriada e se faz circular, resulta o abalo que arranha a sua natureza.

Seria ingenuidade acreditar que a escrita no mundo dos aplicativos digitais permaneça com sua aparente constituição alfabética imune às mudanças de seu uso. Os aplicativos promovem na escrita digitalizada o ressurgimento de suas raízes ideográficas. Se ela obtiver esse reconhecimento, reconhecer-se-á também a necessidade de alterar os modos de ensinar para adequá-los às táticas praticadas pelas crianças ao ensaiar suas apropriações, ainda hoje embaçadas pela concepção alfabética hegemônica. Integrada aos atos culturais humanos, ela passa a uma outra categoria de conteúdo cultural a ser ensinado, a ser apropriado e a ser objetivado. A concepção histórica de língua ocidental inteiramente alfabética parece, então, entrar em crise.

A linguagem escrita no mundo digital teve exposto o seu aspecto ideográfico, não apenas porque há elementos gráficos que não correspondem a elementos orais, mas também porque as letras passaram a ser consideradas caracteres. Os textos passam a ser mensurados por caracteres e descobre-se, finalmente, que os olhos veem palavras compostas por caracteres que compõem uma figura; que as figuras significam, e que a troca de caracteres entre as figuras cria sentidos, atualizados no processo de construção dos enunciados. De um outro ponto de um observatório virtual, nota-se o deslizamento do olhar, antes guiado e controlado pela matriz alfabética, controlado pelo ouvido, para outro olhar, o que vê o gráfico, um olhar figurativo, libertador e ágil.

Materialidade e imaterialidade na linguagem oral e na linguagem escrita

Entre outros temas apontados por Krämer (2016), esses três acima anunciados, enlaçados entre si, deslocam os olhares para outra dimensão, para o exame do que há de comum entre os elementos ou as unidades materiais constitutivas da manifestação oral e da manifestação escrita, especificamente no que nos toca como estudiosos da alfabetização, isto é, o delineamento mais claro do objeto de ensino, os modos de ensiná-lo e as táticas experimentadas pelas crianças para dele se apropriar. Esbocei em parágrafos anteriores a tese de que o vínculo entre as palavras, consideradas signos, no mundo da linguagem oral e no mundo da linguagem escrita, não se situa na relação entre dados e traços materiais, isto é, entre sons ou fonemas de uma sequência sonora e letras de uma sequência gráfica. O elo entre dois signos, oral e gráfico, localiza-se, para mim, no conceito de signo ideológico, no seu aspecto imaterial. A velha e inútil prática pedagógica de ditado de palavras para crianças desnuda o que se esconde na premissa em que ela se apoia, isto é, do elo material. Ao ditar, a professora espera que a criança já tenha ou esteja desenvolvendo um certo conceito ou um conhecimento chamado consciência fonológica. Mas ela espera que a criança faça as escolhas adequadas das letras convencional, histórica, cultural e socialmente construídas. Se a criança, entretanto, obedecer à relação convencional de transcrição fonética, será punida por ter cometido erros.

Levantada a cortina desse jogo em que o mais vulnerável sofre os efeitos de visões reducionistas do adulto, vê-se que o desejo verdadeiro, mas inconfessável, é que o conceito expresso em uma sequência sonora, isto é, um signo sonoro saussuriano, constituído também por seu significado, ou o volochinoviano, formado também pelos valores sociais e nuances de sentido que o impregna, seja escrito com unidades gráficas, com outra materialidade, com traços visíveis, percebida pelos olhos, enquanto a anterior, sonora, era percebida pelos ouvidos. Se as duas materialidades são de naturezas distintas, nada há de comum entre elas. O traço comum é o conceito, móvel, nuançado, variável, que se metamorfoseia quando se insere nos enunciados. O mesmo conceito se manifesta ora por fonemas, ora por caracteres, mas a materialidade não guarda similaridade, nem correspondência.

Nem mesmo o conceito da palavra se mantém incólume ao navegar por um e por outro material, porque encontra suportes outros, situações outras, gêneros outros. Nada é estável e fixo. As crianças aprendizes não podem mais ser enganadas pelo discurso que prega a estabilidade codificada de relações materiais e a constância de significados. O caráter ideográfico da linguagem escrita, desnudado pela escrita em aplicativos e teclados digitais, remove a aparente e confortável estabilidade das relações fonográficas na construção dos enunciados.

Krämer (2016) introduz no conjunto gráfico alemão *Schriftlichhkeit* (formado por *Schrift* — escrita —, *lich* — desinência adverbial de modo e – *keit* — desinência de substantivação) e a palavra *bild* (figura, imagem) para compor, deste modo, um outro signo que incorpora o conceito da escrita como imagem:

> O conceito de *Schriftbildlichkeit* visa a uma revisão do "dogma fonográfico". A escrita não é mais considerada como uma forma da língua, mas como um híbrido de língua e imagem. Mas por que uma revisão da concepção fonográfica da escrita e assim levada em conta a "natureza icônica" da escrita é absolutamente necessária? Por que é um problema considerar as escritas como formas da língua? (Krämer, 2016, p. 3).

As respostas a essas perguntas revelam a sua intenção de retirar a escrita da esfera das relações fonográficas para dar a ela outro lugar, em outra dimensão, em um campo de uma prática ainda inimaginável. Para ela há uma "iconicidade intrínseca" em cada escrita que "[...] se funda no fato de que as escritas são inscrições materiais e perceptíveis sobre uma superfície em que elas utilizam as duas dimensões. A escrita abre assim um campo de prática que não tem modelo nem na língua nem na imagem" (Krämer, 2016, p. 3). Ela se comporta como um outro objeto cultural, alojado em suportes com características próprias e específicas. Esse objeto cultural, que se reinventa em suas próprias entranhas, inaugura uma nova era e requer condutas metodológicas fora dos padrões fixos de didáticas que disputam a hegemonia da alfabetização no mundo ocidental dos dias que correm.

Klock-Fontanille (2016), também antropóloga, tradutora de Krämer para o francês, especialista em desvendar os segredos de escritas não alfabéticas, analisa o percurso da escrita ocidental e a lógica alfabética que se impôs sobre as demais escritas europeias desenvolvidas por povos à margem do controle da cultura greco-latina e de seu poderio militar e econômico. Soterradas ao longo da história, essas escritas fazem contraponto à lógica alfabética aparentemente dominadora da escrita atual. Ela afirma que

> [...] de fato, a escrita ocidental, nascida na Mesopotâmia, entre o Tigre e o Eufrates, no quarto milênio a.C., registra os fonemas da língua. É uma codificação em que cada signo é equivalente a um som, de modo a reproduzir a oralidade de um discurso. Nos sistemas que nos interessam, a opção é diferente: a escrita registra diretamente o pensamento sem fazer o desvio pela fonética. É a ideia que é representada e não o som de uma palavra (Klock-Fontanille, 2016, p. 4).

Ao considerar toda escrita não fonética como escrita, ela contesta a categorização de sociedades ágrafas e não ágrafas que toma a escrita alfabética como referência de classificação. Há vantagens consideráveis nessas línguas, como há desvantagens na escrita alfabética. Ela se interroga sobre essas questões e ensaia respostas:

> [...] surge, portanto, o grande debate sobre a hierarquia das culturas: uma escrita não fonética é realmente uma escrita? Além disso, notar a fonética de uma língua é uma maneira de submeter a escrita a um idioma preciso. Para entender o que está escrito, deve-se não apenas conhecer o código de escrita, mas também a língua transcrita. A convenção fonética é, portanto, claramente etnocêntrica. Entretanto, em um sistema ideográfico, por exemplo, todos podem, pelo contrário, desde que dominem o código semântico, ler os signos em qualquer idioma (como fazemos com os números) (Klock-Fontanille, 2016, p. 4-5).

Ao compartilhar a mesma linha de pensamento de Krämer, Fontanille reconhece a natureza híbrida da escrita, à margem da hegemonia alfabética, portanto suscetível de ser lida sem mediação do oral, compreendida diretamente pelo registro em um suporte, como fazem leitores surdos e estudantes de língua estrangeira, ou povos de línguas orais diferentes entre si que partilham da mesma escrita, como os chineses e os japoneses no sistema formado por caracteres do tipo *kanji*. Ao desenvolver uma lógica de registrar e de compreender o pensamento por um sistema alfabético,

> [...] o espírito ocidental, moldado pela tradição fonética, teve dificuldade de projetar-se no interior de um sistema que obedece a uma lógica específica e diferente. A convenção específica desses sistemas gráficos não repousa sobre automatismos lexicais ou sintáticos. Se a transcrição fonética permite escrever sem compreender o sentido do texto, isso é impossível com os sistemas gráficos da pré-história. Somos, portanto, obrigados a compreender (Klock-Fontanille, 2016, p. 5).

É essa lógica da transcrição fonética aplicada a uma língua considerada integralmente alfabética que orienta metodologias de alfabetização no mundo ocidental, Brasil incluso. Os sentidos participam intrinsecamente da constituição da linguagem escrita não alfabética; sem sentidos nada pode ser escrito, nada pode ser lido. Mas, curiosamente, eles podem ser desprezados pela escrita alfabética: o nada pode ser escrito, o nada pode ser lido; basta estabelecer as correspondências entre elementos materiais distintos, um no reino do signo sonoro, outro no reino do signo gráfico, mas verdadeiramente não se situam nesses dois reinos, porque não são signos por serem apenas sequências ocas de elementos materiais destituídos de sentido. Não estão somente Krämer e Klock-Fontanille a incomodar esse modo histórico e hegemônico de pensar a escrita greco-latina, mas também Battestini, citado pela segunda pesquisadora, situado no mesmo campo em que Harris desenvolveu suas pesquisas na antropologia:

> Diante dos defensores dessa concepção restrita, para os quais a escrita tem por única função semiótica a de notar a linguagem oral e que nega a ela a sua autonomia, desenvolveu-se um ponto de vista oposto: a abordagem mais ampla e integracional (R. Harris) ou "pansemiótica".

Nesta perspectiva, segundo Battestini, a função da escrita não pode mais ser limitada à notação da fala, nem indiretamente à do pensamento, mas é mais percebida hoje como responsável por arquivar e transmitir o pensamento organizado, o texto. Não se trata então mais de escrita no sentido comum e etnocêntrico, mas de uma técnica, a da inscrição do sentido (Battestini, 2006, *apud* Klock-Fontanille, 2016, p. 6).

O deslocamento da escrita para o campo das ações técnicas não deixa de me provocar um certo estranhamento, porque venho defendendo, como muitos, o ponto de vista de que ela se configura como objeto histórico, social e culturalmente construído, mas como a conduta intelectual também defendida por mim é a de que o olhar analítico do Outro merece ser considerado, creio ser necessário compreender essa afirmação no âmbito contestador em que ela se insere. É importante observar que, embora o pensamento hegemônico no Brasil entenda que a escrita seja um objeto cultural, o modo de ensiná-lo às gerações emergentes, contraditoriamente, toma como referência uma técnica, a de correspondências fonocêntricas. Battestini explicita a noção técnica, mas a eleva à condição de inscrição de sentidos ao invés da inscrição de elementos deles destituídos. Ele a redimensiona ao dar a ela a responsabilidade — a função de transmitir o texto, de compor o pensamento tecido com signos, isto é, a composição mesmo de um texto. Ao promover esse deslocamento, Battestini esvazia a função reducionista, limitada à de notar a fala atribuída à escrita por setores da academia e por gestores de ONGs influenciadoras de políticas de alfabetização no Brasil.

O conceito de Harris, abraçado pelos pesquisadores citados de que é necessária uma abordagem integracional, pansemiótica da escrita, abre perspectivas outras para os estudos que elegem como objeto as metodologias de alfabetização e as entradas possíveis, inventadas pelas crianças, para compreender essa relação entre escrita, seus suportes, seus gêneros, seus instrumentos, gestos de inscrição e suas atitudes para ver e compreender a escrita e seus aspectos figurativos, preponderantemente. Antes, porém, de entrar nesse campo, é necessário tecer anúncios a respeito do delineamento desse objeto a ser ensinado e a ser apropriado. Parece-me que não se trata da escrita como objeto apartado dos atos humanos. O objeto a ser ensinado e aprendido são os atos humanos impregnados de escrita. É esse o tema do próximo tópico que aprofunda as reflexões lançadas no primeiro capítulo.

O objeto de ensino e de aprendizagem na alfabetização

Apontar, ainda que de modo indeciso, os contornos do objeto a ser ensinado parece ser tarefa necessária porque, a partir daí, decorrem as decisões metodológicas. A escolha, todavia, solicita pontos de vista razoavelmente definidos pelo sujeito que toma decisões ancorado em opções culturais e epistemológicas. No campo da linguagem, o debate proporcionado aos leitores por Volochinov (2010), ao elaborar críticas ao pensamento saussuriano, tem como objetivo revelar traços de oposição entre visões que se tocam e se afastam, conforme o critério aplicado na análise. Esse dilema se escancara em alfabetização quando a opção metodológica escolhe objetos alheios aos atos humanos, isto é, quando há predomínio de visão positivista de ciências humanas: ensino progressivo de relações entre elemento técnicos, como a relação linear e subserviente do grafema ao fonema, os elementos orais silábicos como formadores originários, inacreditavelmente, da palavra gráfica, frases e orações à margem de situações sociais vitais para sua elaboração; enunciados e gêneros considerados modelos fixos de ensino e de aprendizagem. No capítulo precedente, eu analisei críticas de um estudioso brasileiro nos idos de 1970, Coutinho (2010), que, sem conhecer os estudos e as críticas a Saussure feitas pelos russos no início do século XX, criticava o estruturalismo por isolar e, por isso, manipular o objeto, a linguagem escrita, à margem das relações humanas.

Inseridas estas reflexões no campo em que milito, o da alfabetização, elas podem orientar as escolhas da linguagem escrita não como elementos desencarnados, manipulados fora do homem e de suas relações com outros homens, mas como objeto encarnado, vital para essas relações. A escrita encarnada deixa de ser um objeto manipulável, com peças manipuláveis, para se tornar parte dos atos humanos, cultural, social e historicamente criados e recriados. Encarnada pelo homem, a escrita deixa de ser um objeto descolado, despregado das relações. O ato humano de ler é o objeto de ensino, porque ele encarna o modo de lidar do homem com a escrita resultante do ato de um outro; o ato humano de escrever é também objeto, porque encarna o modo do lidar humano com a escrita para a endereçar ao outro, com a intenção muito clara de trocar em vez de comunicar. Essa visão monista (ato humano-objeto) que considera o todo sem destituir as unidades de sua identidade é a que orienta esta minha escolha.

Os atos de ler e de escrever se tornam atos de trocas culturais por meio da escrita que, consequentemente, vão formar a consciência dos homens em processo ininterrupto. O núcleo do objeto de alfabetização é o próprio homem e o que ele faz com a linguagem escrita; é a professora em trocas de escrita com os alunos; são os alunos em troca de escrita; são os adultos em todas as situações sociais de trocas por meio da linguagem. O ser humano troca os atos históricos de uso da linguagem escrita, e com eles ensina as unidades gráficas e seus sentidos às gerações emergentes. Mas, se os atos são múltiplos, se o ser cria situações múltiplas, cria e recria suportes múltiplos, multiplica os instrumentos de inscrição da escrita, se ele altera a própria configuração da escrita e seu núcleo genético, incontornável é a necessidade de a professora em sala de aula multiplicar também tudo isso. Fugir do único, do mesmo, dos elementos técnicos fora das relações humanas parece ser um caminho que pode alargar as possibilidades de as crianças se alfabetizarem banhadas pela cultura de sua comunidade, de sua cidade, de seu estado, de seu país, de seu continente, de seu planeta.

A multiplicidade de atos com a escrita, intencionais e endereçados ao Outro ao longo da história e da pré-história do ser humano, articulada a sua relação com os suportes disponíveis para sua inscrição, determinou o nascimento dos gêneros, os incontáveis instrumentos de registro, e, em virtude de suas formas e recursos, também a variação incalculável de gestos, tanto para ler quanto para escrever. Cada período histórico, compreendido ora como décadas, ora como séculos, priorizou alguns suportes, certos instrumentos e determinados gestos. Destituídos de ampla visão histórica, as instituições de ensino e o próprio imaginário popular decidem pela substituição do objeto nuclear de ensino e de aprendizagem por um outro, periférico, que se transmuda historicamente. Substitui os atos humanos com a escrita pelos atos humanos que manipulam instrumentos de inscrição. O movimento de poucos dedos assume o lugar principal no palco, e as habilidades de coordenação motora, específicas para um tipo de instrumento, vinculado a um tipo de suporte, lançam névoas sobre o que seria o real objeto de ensino. A aparência se sobrepõe à essência.

O próximo tópico detalhará estas questões aqui anunciadas.

Situação social, suportes, instrumentos e gestos

Nas situações específicas de ensino da linguagem escrita, ainda criadas nas escolas do século XXI em terras brasileiras, um suporte, um instrumento e um gesto assumem o lugar hegemônico. Impregnado pela tradição de uso de folhas encadernadas que compõem um caderno, ou pelas folhas soltas de papel A4 introduzidas nos últimos 30 anos, o ato tradicional de alfabetizar alguém ou o ato de alfabetizar-se inclui o lápis como instrumento, o gesto com o dedo indicador enlaçado ao polegar e ao médio, e ainda dois movimentos distintos que dependem da forma da letra a ser inscrita. Se for a letra de imprensa maiúscula, como sugerem as práticas construtivistas, o movimento demanda linhas retas, movimentos duros, forte pressão do instrumento sobre o papel e suspensão do movimento para a separação da inscrição das letras. Se for a letra manuscrita minúscula, como sugerem práticas desde os séculos anteriores a este, o movimento será suave, deslizante, como também suave será a pressão sobre o suporte e a ausência de suspensão do toque de separação entre uma letra e outra, sob o risco de ser considerada prática incorreta. Os gestos ocidentais como os gestos do mundo oriental têm seus detalhes valorizados em relação à posição de dedos, mãos, leveza, pressão, suspensão e direção de movimentos. Escolhido outro suporte, como os tipos móveis da velha tipografia, os caracteres, ou os novos tipos dos teclados virtuais, os velhos gestos perdem a hegemonia porque são outros os suportes, outros os instrumentos — as teclas —, outros os movimentos com os dedos.

O ensino da linguagem escrita no mundo digital se liberta do jugo do *único* para se lambuzar com a riqueza do *múltiplo*. Em vez de um só suporte, um só instrumento, um só gesto e dois movimentos, ele se abre para a multiplicidade, a ponto de colocar em xeque a importância demasiada no ensino dos movimentos coordenados. O gesto com o uso do lápis exigia da criança um tipo de coordenação motora, já dominada pelo adulto, que a colocava como vital a ponto de se tornar um pré-requisito para a alfabetização. Se o suporte é a tela, se os caracteres estão previamente dados, se a sua escolha é feita por polegares, se os instrumentos são as teclas virtuais, se os movimentos são criados por dois polegares em uma situação de dança virtual, o domínio da antiga coordenação se torna insuficiente e inoperante. É preciso ter outra coordenação. E nessa situação, seria interessante ver uma cena com uma criança dizendo a uma professora atrapalhada: "Professora, a senhora precisa treinar coordenação para escrever no celular! A senhora não tem coordenação nenhuma!". E a professora, desajeitada: "Não preciso de coordenação para escrever. Escrevo do meu jeito!". E toca com violenta pressão a ponta do indicador ou a ponta da unha nas teclas virtuais. Talvez fosse o caso de ser considerada imatura para aprender a escrever.

As pesquisas de Santos (2019) com crianças que não têm condição física de fazer os movimentos consagrados pela escola como fundamentais para a escrita desnudam a limitação desses atos e desses movimentos:

> Os gestos praticados por crianças que possuem deficiência física com graves comprometimentos dos membros inferiores e superiores, quando escrevem na tela dos dispositivos digitais com apoio de *mouses* oculares, é um exemplo de que os gestos para escrever não são padronizados, por isso torna-se questionável a necessidade do domínio de movimentos específicos e uniformes para a aprendizagem da escrita. Não é preciso aprender a desenhar as letras do alfabeto e muito menos desenvolver habilidades motoras para posteriormente escrever (Santos, 2019, p. 95-96).

A inscrição da letra maiúscula de imprensa recomendada pelas práticas construtivistas fundamenta a convicção de que a linguagem escrita é formada por letras e não por caracteres; que a escolha da letra, considerada grafema, é determinada pelo som, isto é, pelo fonema. Essa conduta desconsidera a importância de todos os demais caracteres, além das letras na inscrição da linguagem escrita. Desconsidera letras com sinais grudados que formam caracteres específicos como Á, À, Â, Ã, á, à, â, ã (Bajard, 2016) e os sinais diversos de pontuação ou os pouco percebidos, dispostos nos teclados, e também os espaços. Um outro olhar, mais amplo e diverso, vai ver a linguagem escrita, do ponto de vista material, não composta por letras, mas por caracteres, por ser híbrida, por incluir a imagem do *emoji*, mas também a imagem da letra, a imagem da palavra, a configuração ortográfica estável que faz de uma palavra um signo ideológico.

Os tradicionais movimentos e gestos com os dedos não reconhecem os caracteres. Ao introduzir as chamadas letras móveis recortadas em papel firme, as práticas construtivistas reintroduziram algo aparentemente inovador, o modo tipográfico de inscrever os caracteres no suporte, mas, contraditoriamente, limitaram sua amplitude, porque deram às crianças apenas letras limpas de qualquer traço e isoladas dos seus demais companheiros, os caracteres. Não chegaram sequer às experiências de Freinet no começo do século XX com a imprensa na sala de aula e ficaram a léguas dos recursos generosos dos teclados virtuais, borbulhantes de caracteres.

Vistos de um modo mais amplo, os sentidos — o fundamento de toda inscrição — fundem-se a seu suporte, a seus instrumentos, a seus gestos, a seus movimentos, aos gêneros enraizados nas relações sociais compartilhados com o outro. O ensino do ato de ler e de escrever não se mantém inalterado no mundo efervescente dos dispositivos digitais. O caractere visível, que engloba as letras e as inclui neste novo estatuto, assume a função de unidade portadora de sentidos na linguagem escrita. As pontas dos polegares tiram e põem caracteres para mudar o sentido do que quer escrever a mente que os orienta; as crianças concordam ou discordam das sugestões do banco de palavras do teclado, inserem imagens, abreviaturas, arriscam, deletam, sugerem. Fazem da tela rapidamente, hoje, o que faziam lentamente os velhos escribas em seus palimpsestos. Com a tela, a borracha na mão livre de quem escreve permanece em repouso, situação em que se encontra o velho mata-borrão usado para sugar do papel os excessos de tinta escorridos pela pena da caneta-tinteiro e que vivia preso pela mão que não segurava o instrumento principal — a pena. Duas mãos, dois gestos, dois instrumentos. O instrumento *borracha* é substituído por uma tecla, também um instrumento com a função de apagar, indicada pela abreviação *DEL,* ou pela palavra inglesa *delete*, ou pelo formato da antiga lata de lixo de Nova York. O traço desenhado da letra criada e o movimento correspondente a essa criação entrarão pouco a pouco na esfera das criações artesanais, como o crochê, habilmente praticado por mãos experientes, enquanto os caracteres, escondidos em códigos digitais sob as teclas, deslizarão para o mundo das esferas das criações industriais. Há lugar para todos na formação da cultura, mas enquanto um lida com um tempo circunscrito a lugares específicos, o outro lida com outro tempo, mais veloz, pouco linear, circula por esferas amplas com fronteiras rarefeitas, rompidas e refeitas.

Os aplicativos de trocas de mensagens, como o *WhatsApp*, mais popular no Brasil, introduzem a criança no mundo da escrita e, especificamente, da escrita digital. Como ensina Santos (2019, p. 55): "O nome é um trocadilho sonoro com *What's up? (Estás bem?)*. Esse aplicativo possui algumas características do gênero *chat*, definido por Halté (2013) como um modo de comunicação *on-line*, no qual as pessoas conversam em tempo real, por meio da escrita e assemelha-se ao diálogo face a face".

Pelos aplicativos de trocas de mensagens é possível superar as dificuldades que a escola encontra para introduzir os temas e as situações sociais do cotidiano em seu universo. Os diálogos, enunciados vitais para as trocas verbais pela linguagem escrita, encontram lugar para a sua criação e a concepção de linguagem como instrumento mediador, função inerente ao signo, que permite a troca sociocultural entre os homens e a compreensão da realidade que se manifesta na formação da consciência. Por outro olhar, é possível perceber um processo de *gamificação* entre as crianças pequenas: aprender a ler a língua materna com os *games*, com os jogos, e aprender a ler, sem saber pronunciar, o inglês, língua que se mistura às imagens. Aplicativos de trocas de mensagens e *games* introduzem as crianças, quando fora dos muros da escola, no mundo da cultura escrita, não da escrita alfabética, mas de uma outra, a que recupera a sua natureza imagética, historicamente asfixiada.

Não é somente agora, neste mundo digital, que o conceito de língua alfabética da escrita entre nós é cutucado pelo uso que dela fazem os homens. No mundo latino, o uso das abreviaturas provocaram rupturas nessa linha restritiva de *um som/uma letra*, na relação entre registro escrito e oralidade. Registrava-se pouco naqueles tempos, porque se dizia muito mais do que se registrava. Ao comentar as abreviaturas, Desbordes (1995, p. 185, grifos do autor) afirma que no mundo romano,

> [...] o princípio alfabético que rege, bem ou mal, a escrita comum é abandonado. Uma abreviação, inicial de um prenome, por exemplo, não remete a um som, de conformidade com esse princípio, porém a toda uma palavra que possui, além disso, formas variáveis: segundo os contextos, a inicial M será lida *Marcus, Marcoo, Marci...* Foi mesmo possível utilizar as abreviações para não ter de tomar partido sobre a forma de uma palavra.

A linearidade fonema/grafema é rompida por abreviaturas no mundo romano e o mesmo procedimento é aplicado no mundo digital. A famosíssima inscrição I.N.R.I. (*Iesus Nazarenus Rex Iudeorum*), reproduzida na cruz cristã, comprova que as letras, os pontos, os espaços, isto é, os caracteres, fundem-se com o suporte, em cuja superfície foram esculpidos por um instrumento específico que teria exigido movimentos também específicos. Possivelmente, as referências a Jesus em hebraico, grego e latim teriam obedecido ao princípio alfabético, mas a inscrição posterior na cruz, em razão dos limites espaciais desse símbolo, obedeceu ao princípio imagético da linguagem escrita e, mais ainda, com a intenção de ter seu sentido lido sem que suas letras fossem pronunciadas, mas apenas vistas e, em seguida, dito o sentido, se houvesse necessidade, se tivesse sido, obviamente, compreendido. Para isso, o leitor teria de levar, para ler a inscrição, os seus conhecimentos históricos, sociais e culturais. Os caracteres da inscrição têm a função que possuem os caracteres *kanji* para os japoneses: só podem ser lidos se forem compreendidos.

A madeira da cruz foi o suporte escolhido para a inscrição indicadora do motivo da condenação e da morte; um suporte perecível, próprio para a situação também temporária, mas que se tornou perene em outros suportes, principalmente nas telas dos pintores ao longo dos séculos. O suporte participa da construção dos enunciados: "[...] não é porque o signo escrito apareceu, em um e outro sistema, vinculado tanto a sua encarnação visual quanto ao seu valor fonético, que deve ser considerado como independente de seu suporte" (Christin, 2009, p. 185, tradução nossa). Pensando com Christin, é possível entender que as crianças teriam muito a ganhar se aprendessem a lidar com a diversidade de gêneros, de dispositivos, de suportes, de instrumentos e de gestos na escrita para o Outro. Reduzir é limitar. Ampliar é libertar. Há tantos e inimagináveis suportes, mas apenas alguns rolam nas escolas e muitos outros fora dela, alguns antigos e outros recentes: papel, papelão, pedra, areia, chão duro, tecido da camiseta, tijolo caiado do muro da rua, parede da casa, metal da placa da rua, vidro cintilante do luminoso da loja, pontos da tela do televisor, pontos da tela do celular, do computador e do *tablet*, madeira, pele humana, plásticos de todo tipo, cerâmica, porcelana etc. Com eles vêm os instrumentos diversos: lápis, caneta, canetinha colorida, giz, carvão, graveto, faca, estilete, caneta de tatuador, teclas físicas, teclas digitais, pincel, jatos de tinta, bisnaga de tintas para grafitar, teclas sensíveis ao olhar. Com eles vêm as extensões do corpo: cabeça, pés, mãos, olhos, dedos, cotovelos. O universo alargado permite que a criança transite pelo mundo já conhecido da escrita e pelo mundo instabilíssimo da escrita digital. A restrição de seu trânsito a um único suporte, a um único instrumento e a uma concepção restrita de linguagem alfabética coloca obstáculos entre a escola e o mundo digital em que a criança vive, situado além das grades protetoras das escolas. Com os aplicativos de trocas de mensagens, entretanto, a criança se abre para modos de pensar a escrita com certa autonomia em relação aos elementos técnicos da oralidade, como afirma Santos (2019, p. 88):

> O aplicativo *WhatsApp* permite que, na fase de constituição da escrita para si, a criança a compreenda como uma criação humana, essencialmente semiótica, dirigida para os olhos. Nesse processo, ela tem as bases

necessárias para a construção de uma consciência gráfica, específica da escrita, em vez de perder-se nos labirintos da consciência fonológica, própria do universo da oralidade.

O ditado

Faço a escolha de análise do ditado porque ele é considerado por algumas tendências teórico-práticas uma prática extremamente eficiente para alfabetizar ainda nos dias que correm. Meu intuito é, pela análise dessa prática, enveredar para a essência desse ato que faz parte da cultura escolar e, com isso, desvelar os aspectos teóricos por ele encarnados. Como ponto de partida, considero-o como uma prática avaliativa em vez de uma prática de ensino. Não pretendo analisar sua limitação por ensinar a criança a escrever uma palavra destituída de vínculo com outras, em um gênero. Quero analisar essa prática no interior mesmo de tendências que não consideram a palavra um signo, mas uma sequência de elementos sonoros que devem determinar a palavra escrita e a sua sequência de elementos gráficos, considerados, por elas, letras.

Essa decisão se apoia na análise de seus próprios procedimentos: a docente nem sempre ensina o aluno a codificar fonemas em grafemas, mas deseja verificar se ele aprendeu a relação de regras de correspondências entre as duas materialidades pelas quais a palavra (com sentido ou sem) se torna perceptível pelos ouvidos, depois pelos olhos e, em seguida, novamente, pelos ouvidos. A docente espera que a criança dê respostas, ora entre a letra e seu som correspondente, ora entre uma sílaba inteira e seu som correspondente, como supostamente teria ensinado por meio de outras práticas. A sua espera vai, entretanto, um pouco mais além. Não admite, em hipótese alguma, que a criança grafe, isto é, que note as letras no papel de acordo com a correspondência insistentemente ensinada. Seu desejo, bem contraditório, é que a criança não obedeça ao som por ela pronunciado, mas ao que convencionalmente ajustou como representação. Seu grande desejo é que a criança escreva com a ortografia convencional, usada no momento histórico em que vive; que as letras tenham seus penduricalhos grudados em suas cabeças (como á) ou agarrados em sua barriguinha (como ç).

Em suma: a professora não quer que as crianças escrevam como ela pronuncia, nem como elas próprias pronunciam, mas que tentem recuperar na memória a imagem da palavra escrita. Se não recuperarem, ou se nunca viram a palavra escrita, será impossível escrevê-la com a configuração gráfica esperada. Primeira conclusão parcial: a criança somente terá êxito em escrever a palavra ditada se ela tiver sido vista um bocado de vezes nos dias precedentes e, portanto, tiver a figura gravada em seu acervo lexical. O adulto experiente, como qualquer criança inexperiente, se angustia quando tem de notar uma palavra por ele nunca vista, porque não tem as referências visuais. Aprendeu, desde criança, que as referências sonoras não são confiáveis, ao contrário do que afirmava a professora, contraditoriamente, em suas cobranças.

Tomemos como referência duas palavras: um nome próprio e uma palavra considerada nome comum. Ao pronunciar um nome (como o que irei grafar logo a seguir) de uma pessoa desconhecida dos alunos para que o notem no papel, a professora não pode esperar uma só configuração. Os alunos, cada um conforme seu critério próprio, podem escrever uma das seguintes configurações: Cyntia, Cintia, Cynthia, cyntia, Cíntia, Cínthya, Cíntchia, Síntia, Synthia, Scynthia, Scintia ou outras. Não há como repreender as crianças por escreverem de acordo com o som que ouvem de outra boca ou de sua própria, nem de o notarem com a minúscula inicial.

Não há enganos. O engano está no critério de avaliação — o sonoro. Se, entretanto, a professora singularizar a referência e informar às crianças que elas devem escrever o nome de sua colega da classe que se senta na segunda carteira da fileira próxima à porta, possivelmente a maioria vai ter como referência a configuração tantas vezes já vista. Segunda conclusão: as crianças abandonam as determinações docentes frequentes, desequilibrantes, de representar o som de um nome nunca visto, para se abrigarem no conforto de notar as letras já conhecidas na ordem que já conhecem, graças à exposição diária do nome da coleguinha. A representação não foi sonora, mas conceitual. As crianças tomam como referência o ser humano conhecido e seu nome gráfico, não sonoro, para registrá-lo. Aprendem desde cedo que o nome sonoro não pode ser a referência, porque na escrita o que importa é o nome gráfico. São, portanto, nomes diferentes, cada qual com sua materialidade específica. Na sonora, a produção e a percepção do nome registrado há pouco são semelhantes, mas é a escrita que o singulariza, que marca as diferenças e o elege como único.

Pode-se concluir que o caractere porta sentidos como unidade do todo, porque, graças a ele, a criança se reconhece e é reconhecida. Todas as particularidades estabelecidas nos nomes próprios são consideradas pertencentes às pessoas e as distinguem das demais: "Meu Isabella é com dois eles". A afirmação docente de que a duplicidade da letra **L** seria desnecessária coincide com a sua visão de que somente considera a representação alfabética. A menina, portadora do nome *Isabella*, vê na escrita o traço figurativo que a identifica entre as demais *Izabelas* alfabéticas. A visão hegemonicamente construída cobre com um véu os olhos da professora. É preciso, então, tirar o véu que a história da alfabetização lhe impôs.

Tomemos, agora, o nome comum como referência, porque me parece que um processo semelhante se manifesta, já que ambos são nomes. Aparentemente, pode-se argumentar que os nomes próprios têm suas particularidades, mas que os comuns são estáveis. Seguramente, são estáveis durante longos períodos no acervo do léxico de uma dada língua, mas são instáveis na mente do ser humano, criança ou adulto, que não lida com a língua estável, mas com a linguagem escrita instável. Ao ditar o nome comum para que a criança escreva, a professora novamente não espera que ela siga as regras fonológicas, mas que o note tal como o vira alguma vez. Apesar de a professora escandir as sílabas e os fonemas para que os elementos sonoros penetrem pelos ouvidos das crianças, e sejam por elas discriminados, na essência, ela tem a intenção de dizer para as crianças pensarem no conceito do que ela está pronunciando para tentar registrá-lo no papel, se já o conhecem e se já viram a sua configuração gráfica, isto é, registrá-lo adequadamente se dessa configuração se lembrarem. O que está em jogo então é um conceito conhecido e dito com os elementos da oralidade — portanto sonoros —, e esse mesmo conceito deve ser registrado em outra materialidade — a gráfica.

O que há de comum entre os dois não são, portanto, os elementos materiais, mas o sentido compartilhado pelas duas linguagens, a oral e a escrita. Terceira conclusão: ao escandir as sílabas, a professora enfia as crianças no estreito corredor dos ouvidos e as obriga a não pensar nos conceitos e na sua memória gráfica. Mas isso dura pouco, porque as crianças percebem que não podem obedecer às orientações da docente se quiserem ser por ela reconhecidas como competentes ao grafar palavras ditadas. Percebem que a palavra só é reconhecida como palavra se tiver os caracteres convencionalmente reconhecidos, na ordem convencionalmente aceita, sem obedecer às orientações fonêmicas, como notam a letra **U** em *queijo* e omitem a letra que marca a vogal nasal em *muito*. Aprendem que o êxito depende da desobediência ao princípio alfabético e que os caracteres dão identidade conceitual a uma palavra.

No final deste período, a seguir, há quatro palavras que podem ser ditadas. Se a criança for obediente ao princípio alfabético, a mesma palavra sonora será escrita de vários modos: *omem, ómen, omi; húmido, umidu, úmido; humilde, umílde, umiudi; família, familha, famílha*. Ou, se tomar como referência a própria escrita, em vez da pronúncia, portanto em atitude nada submissa, notará *homem, úmido, humilde* e *família*.

Em suma: os caracteres dos nomes comuns são também unidades portadoras de sentido. Conclusão: o ditado como avaliação confunde; como prática de ensino é inútil, porque trabalha com a lógica alfabética no mundo da escrita em que o aspecto figurativo mostra a sua singularidade; lida com letras que correspondem a sons, em vez de caracteres que remetem para a construção de sentidos.

Foucambert (1994), nos anos 1990, insistia em um conceito ao qual atribuiu o nome *leiturização* como contraponto ao de alfabetização. Descuidadamente, como tantos outros, esse nome chegou a circular em documentos oficiais do Ministério da Educação. Em virtude dessa exposição oficial, passou a ser citado em artigos e em cursos de formação, mas a palavra permaneceu vazia, porque o conceito se alinhava a princípios que pregavam o ato de aprender a escrever como porta de entrada ao mundo da linguagem escrita, em vez do ato de aprender a ler. O ato de aprender a ler, como porta de entrada, era ignorado pelos documentos oficiais. A recomendação de Foucambert era a de que a alfabetização não se daria pela tentativa de a criança escrever a partir de referências orais, ou de "como você acha que se escreve", mas a partir do já dado, isto é, do ensino do ato de ler e com as informações necessárias para a apropriação da linguagem escrita. Foucambert (1994) insistia que *leiturizar* seria o caminho inicial, porque é preciso entender o objeto criado socialmente pelo homem e por ele compreender a cultura de um povo.

Aqui, a minha insistência em discutir o objeto de ensino remete-me para a leiturização. É uma tentativa de redescobrir o conceito, porque ele se articula ao ato de ler como as ações primeiras empregadas pela criança para compreender não apenas o objeto, mas também o objeto encarnado pelo homem e objetivado em seus atos com linguagem escrita. O ato de escrever é o resultado da objetivação dentro do processo indissociável apropriação/objetivação (Vigotski, 2001).

Em resumo: escrever a linguagem escrita sem saber o que ela é, sem vê-la ou compreendê-la, sem dela se apropriar, torna-se um ato sem condições de êxito. Começar a ensinar a linguagem escrita pelo ato de escrever só pode ter uma referência: a codificação de fonemas em grafemas. Começar pelo ato de ler só pode ter uma referência: a própria escrita, além dos atos do homem por ela impregnados. Há uma brutal diferença conceitual aqui que requer uma reviravolta nos modos de olhar para o mundo da escrita. A porta de entrada, portanto, não é aprender a escrever, mas aprender a ler, isto é, a porta aberta dá para o mundo da leitura, da escrita já dada, como uma referência tangível para os olhos plena de valores humanos. Essa porta alargou-se e mostrou um outro mundo de leitura da escrita, o digital. Por ele a criança lê e escreve, entra por uma porta, sai pela outra e torna a entrar pela primeira, em um vem e vai, em um entra e sai incessantes e vitais. A leitura é a porta de entrada no mundo da cultura escrita. Essa porta se escancarou ainda mais com o mundo digital.

O aspecto fônico não vai mais encontrar lugar nas próximas décadas no mundo das crianças, hábeis em lidar com os caracteres do mundo digital, mas, como a elas não é dado o poder de discordar e de sugerir, elas continuarão a ter controladas sua inteligência, sua perspicácia e sua diversidade de táticas nas relações com a linguagem escrita, por obscuros e conservadores princípios de adultos que pensam poder amarrar o modo de pensar delas a um só e único caminho: um método que toma como referência inquestionável a pureza da natureza alfabética da escrita ocidental, em lugar de sua hibridização semiótica.

No capítulo subsequente, o destaque será dado ao conceito de caractere e ao reconhecimento das letras como caracteres, que têm funções muito mais importantes na construção dos enunciados escritos do que apenas representar os fonemas e seus alofones. Esse olhar também empurra para a periferia de salas de aula as metodologias reducionistas e simplificadas que se apoiam no conceito de vínculos subservientes entre o grafema e o fonema.

As letras como caracteres: unidades visuais de sentido

Neste capítulo, a abordagem será direcionada para as decisões de escolha de letras pela criança na construção de palavras em um enunciado durante o processo de alfabetização. A premissa básica que norteia a análise refere-se às possibilidades de a criança orientar-se pela função da letra e pela internalização de conhecimentos sobre o uso da linguagem escrita na relação com o *outro*. A premissa de origem fundamenta-se na hipótese de que a criança não se apoia na relação fonema-grafema acordada por convenção no estágio atual na representação da língua escrita. O termo *língua* será preservado em citações e empregado no texto quando indicar um sistema abstrato de organização linguística. A expressão *linguagem escrita* será empregada para designar o objeto cotidiano que ganha existência nas relações humanas.

Para definir alguns pontos de partida da tese que aqui será desenvolvida, seria necessário esclarecer a função da letra na constituição da palavra e do enunciado, com o apoio das pesquisas realizadas por Vigotski (2001), especificamente de uma de suas teses. Trata-se da função do fonema e da função da letra no universo da criação de sentidos na linguagem escrita ou na oral.

Como uma unidade da palavra, a letra teria, na sua construção, uma função a cumprir. Essas funções seriam descobertas pela própria criança ao elaborar os dados fornecidos pelo docente e pelos outros — adultos ou crianças — que com ela mantêm relações mediadas pela linguagem escrita. Para alicerçar esse ponto de vista, convém destacar que, para Vigotski (2001, p. 314), "a linguagem escrita é a álgebra da escrita" ou, ainda, que "ela é uma álgebra da fala, uma forma mais difícil e complexa de linguagem intencional e consciente" (Vigotski, 2001, p. 318). Para ser internalizada, é preciso que a criança tenha consciência de suas funções. Meus olhares investigativos se articulam com as concepções de linguagem e de aprendizagem, com a internalização da linguagem escrita e a constituição do pensamento verbalizado encontradas na escola de Vigotski (2001), e com o processo enunciativo da linguagem de Volóchinov (2017) e de Bakhtin (2003).

Um texto escrito por uma criança em um contexto cultural, social e histórico poderia ser analisado conforme o interesse do pesquisador, orientado, por isso, para a análise das decisões do aluno na escolha da letra por ele empregada, com a intenção de observar pistas ou sinais, explícitos ou não, dos modos de escrever, que pudessem ser reveladores das relações intersubjetivas e intrassubjetivas.

Nessa perspectiva, a importância da análise se desloca para o modo como a criança, pela escrita, relaciona-se com a cultura do seu tempo, do seu lugar, com a cultura e com o lugar do outro. A intenção é a de entender a criança como um ser que se apropria da escrita como um bem cultural, em um momento histórico de seu percurso ontogenético. É preciso entender a palavra escrita, constitutiva de enunciado, como um signo ideológico e uma unidade na construção dialógica, que inclui também o estatuto da letra como unidade sensível no universo da composição do enunciado. Neste momento, será necessário justificar a contribuição de Bakhtin. A situação de escolha e de decisão no momento da escrita de uma carta para o outro por uma criança não é um ato banal, porque se situa no universo das relações da sua consciência com a consciência do outro por meio de palavras, de signos verbais, de enunciados amalgamados por combinações de significação, de sentido e de letras. Nas palavras de Bakhtin (2003, p. 379):

> Para cada indivíduo, essa desintegração de todo o expresso na palavra em um pequeno mundinho das suas palavras (sentidas como suas) e o imenso e infinito mundo das palavras do outro são o fato primário da consciência humana e da vida humana, que, como tudo o que é primário e natural, até hoje tem sido pouco estudado (conscientizado), pelo menos não foi conscientizado em seu imenso significado essencial. [...] As complexas relações de reciprocidade com a palavra do outro em todos os campos da cultura e da atividade completam toda a vida do homem.

"As complexas relações de reciprocidade com a palavra do outro" compõem também o universo da criança que, por querer escrever, faz incursões intelectuais para se meter no mundo da linguagem escrita e no mundo das palavras do outro, para configurar-se a si mesma como sujeito no mundo, para formar-se como ser humano na relação com o outro, por meio da palavra escrita, em busca da plenitude de sentidos, ideológica e culturalmente, porque "[...] o sentido é potencialmente infinito, mas pode atualizar-se somente em contato com outro sentido (do outro), ainda que seja com uma pergunta do discurso interior do sujeito da compreensão" (Bakhtin, 2003, p. 382). Ao esboçar, no limite de seu conhecimento, essa relação com o outro, por palavras escritas, inscritas no gênero construído para a comunicação pessoal, a criança assegura, pelos enunciados concretos, de sentidos e configuração gráfica instáveis, que a "língua passa a integrar a vida" e que "a vida entra na língua" (Bakhtin, 2003, p. 265).

Na situação real, de tentativas de apropriação da linguagem escrita como instrumento de troca e de formação do pensamento, as letras, consideradas caracteres, as palavras e o próprio enunciado ganham funções plurais, em vez do engessamento técnico a apenas uma delas:

a relativa relação fonema-grafema. Como uma unidade na palavra, a letra como um caractere teria uma *Função* a cumprir por preservar com ela os traços de significado que compõem o todo. Vigotski verificou a importância da *função* nas manifestações de linguagem, porque com elas se organizariam as próprias estruturas dessas manifestações. Duas perguntas iniciais a respeito podem ser elaboradas: Qual seria a importância do conceito de *função* nas manifestações de linguagem para Vigotski? Quais seriam essas manifestações? Vigotski reconhece o fonema como unidade do todo que envolve o aspecto fônico e o semântico da palavra oral, mas destaca que somente se mantém como unidade se for um dado que compõe a palavra plena; fora dela, fora do enunciado, o fonema deixa de ser unidade para se limitar a ser um elemento:

> Assim, a unidade da fala vem a ser, no som, uma nova concepção não de um som isolado, mas de um fonema, isto é, uma unidade fonológica indecomponível, que conserva todas as propriedades básicas de todo o aspecto sonoro da fala com função de significação. Tão logo o som deixa de ter significação e se destaca do aspecto sonoro da fala, perde imediatamente todas as propriedades inerentes à fala humana. Por isso, tanto em termos linguísticos quanto psicológicos só pode ser fértil o estudo do aspecto fônico da fala que aplique o método de sua decomposição em unidades preservadoras das propriedades inerentes à fala enquanto propriedades dos aspectos fônico e semântico (Vigotski, 2001, p. 15).

A letra na palavra escrita, como o fonema na oral, poderia ser tanto uma unidade quanto um elemento, se for aplicado o mesmo raciocínio descortinado por Vigostki. Seria unidade se estivesse vinculada a uma palavra, a um enunciado, ou seria apenas um elemento se destituída de sentido, isolada do enunciado. O significado da palavra e o sentido construído pelo enunciado confeririam à letra o seu estatuto de unidade. Fora disso, estaria reduzida a ser apenas um elemento. Somente com elementos, a "língua não passa a integrar a vida" nem "a vida entra na língua". Lidar com esse estatuto da letra como unidade, portanto com função, é lidar com a complexidade da aprendizagem da linguagem escrita. Essa complexidade é, frequentemente, durante o ensino, reduzida para facilitar a compreensão pela criança, mas o processo de redução esvazia o estatuto da letra como unidade que desempenha uma função. Por essa razão, afirma Vigostki que (2001, p. 313), "[...] como mostram as investigações, é exatamente esse lado abstrato da escrita, o fato de que esta linguagem é apenas pensada e não pronunciada, que constitui uma das maiores dificuldades com que se defronta a criança no processo de apreensão da escrita".

O princípio norteador aqui assumido sugere que as letras, pelas razões encontradas em Vigotski (2001), não teriam apenas a função única e incontestável de representar o fonema, mas, como unidades, participariam da construção dos significados e, por essa mesma razão, exerceriam funções múltiplas, motivo que leva a criança no processo inicial de alfabetização a fazer escolhas que não coincidem com a expectativa docente, sempre à espera de uma correspondência grafema-fonema convencional. Observado esse raciocínio, é possível concluir, provisoriamente, que, apesar do murmúrio da criança [linguagem egocêntrica analisada tanto por Piaget quanto por Vigotski (2001)], as suas escolhas não se dirigem para a relação esperada, mas para outras intenções nem sempre compreendidas, nem pela professora, nem pelo pesquisador, nem pela criança autora do gesto.

Os estudos de Desbordes (1995), na área da linguística, especificamente do latim, encaminham os estudiosos para conclusões similares às de Vigotski, em relação ao conceito de letra como unidade portadora de sentido (apesar de não fazer a distinção entre elemento e unidade). Recupera, como exemplos, manifestações de algumas grafias das línguas romanas que justificariam o motivo pelo qual as crianças podem assumir a letra como unidade de sentido, em vez de se orientarem pela representação fonêmica. Segundo Desbordes (1995, p. 189):

> Podem-se utilizar as unidades da escrita para manifestar a diferença entre duas palavras; pode-se também utilizá-las para manifestar semelhanças, parentescos reais ou supostos. A unidade, então, não é mais concebida como um puro elemento distintivo, mas como um elemento portador de uma parcela de sentido que convém conservar em combinações diversas.

Como Vigotski, Desbordes aposta na letra como portadora de parte do sentido do todo, com funções diversas da função estritamente técnica que inclui a relação grafema/fonema tão presente nos procedimentos de alfabetização inicial e nos suportes das teorias pedagógicas que defendem o requisito do domínio da consciência fonológica para a alfabetização. Há, portanto, funções das letras, ou, como pondera Smith (1989), equivalências funcionais.

Não quero entender como heresia a intenção de agregar a essa contribuição de Vigotski sobre *função* a do psicolinguista americano Frank Smith sobre a *equivalência funcional* das letras. Parece-me interessante o modo como destaca, também, a importância da funcionalidade e sua atribuição por quem vê as letras, em processo de identificação, mas não por suas características que a definiriam intrinsecamente como equivalentes funcionais. A minha intenção ao trazer Smith (1989) para o debate é a de continuar a destacar a importância da função da letra e do critério utilizado, não por quem está aprendendo a ver e ler, como estuda Smith (1989), mas por quem está aprendendo a escrever e ver. Quero, com isso, continuar a sustentar a hipótese de que o aprendente, ao escrever, pode não colocar o foco de sua atenção na correspondência entre fonema e grafema, como esperam todos os adultos, mas na função a ser ocupada por uma determinada letra, porque esse aprendente tem lembranças visuais da escrita convencional, em vez de se preocupar com a correspondência sonora. A letra se encontra mais próxima da configuração visual da palavra em virtude de seus traços, de seus vazios, de seus contornos, e mais distante da incompreensível e instável relação com os abstratos fonemas. A função da letra predominantemente pode não ser a de representar o fonema, mas sim de participar da configuração e construção da palavra escrita. Melhor, entretanto, ir a Smith, para entender o que ele afirma sobre equivalência funcional:

> O processo de reconhecimento é de uma preocupação clássica, uma vez que já foi descoberto, há 2.000 anos, que quaisquer *dois eventos jamais são exatamente da mesma forma*, a partir do mesmo ângulo, sob a mesma luz, ou com a mesma perspectiva. Um tópico de interesse muito geral para a psicologia é o que, exatamente, determina se dois objetos ou eventos devem ser considerados como equivalentes. A decisão sobre *equivalência repousa, claramente, no que percebe, e não em qualquer propriedade do arranjo visual.* J e J são a mesma coisa? Muitas pessoas podem dizer que sim, mas um impressor diria que não [...] *É aquele que percebe, não o objeto, quem determina a equivalência.* [...] Essas diferenças entre os objetos ou eventos que nos ajudam a colocá-los em sistemas de categorias podem ser chamadas por uma variedade de nomes, tais como atributos de definição ou atributos de critério, ou ainda, propriedades de critério; em essência, são as diferenças que escolhemos como significativas. *As diferenças que escolhemos ignorar, aquelas que não influenciam nossas decisões, frequentemente não são absolutamente notadas.* Obviamente é mais eficiente prestar atenção somente às diferenças significativas, particularmente em vista da capacidade de processamento de informações limitada do cérebro humano. Portanto, *não nos surpreende que possamos ignorar diferenças as quais, em primeiro lugar, não estamos procurando*, como a súbita ausência de barba no rosto de nosso amigo, ou o padrão de sua gravata, ou a ortografia incorreta na manchete de um jornal (Smith, 1989, p. 129, grifos meus).

Para comentar os grifos em itálico por mim registrados, devo me basear nas decisões do aprendente ao escolher as letras para inseri-las na palavra em situação enunciativa. Não raro, os docentes se espantam, ou se irritam, quando os alunos demonstram conhecer o nome da letra, sua correspondência sonora e sua forma, mas a usam de modo inusitado, completamente distante do esperado. A expectativa do docente é a de que o aluno faça a escolha tendo como referência a representação do fonema, mas possivelmente outra referência seja a escolhida por ele. Na verdade, não é apenas a escolha da letra que está em jogo, mas também a escolha da referência que se desloca para a equivalência funcional. Embora pareçam olhar para a letra com as mesmas referências, docente e aluno usam, de acordo com a palavra, com o momento e com a situação, referências distintas. Quem as torna distintas seria o aluno, pois a professora manter-se-ia presa à referência de sempre: a correspondência sonora. Desse modo, dois eventos jamais se manifestam exatamente da mesma forma, como afirma Smith (1989). A observação das letras com mesmo arranjo visual pode encaminhar o professor à falsa interpretação de que o aluno não conhece a letra e suas relações sonoras. Entretanto, não é a letra que traz com ela as suas propriedades, mas quem a vê e, neste caso, quem a aplica, isto é, a criança. A decisão sobre "[...] equivalência repousa, claramente, no que se percebe, e não em qualquer propriedade do arranjo visual" (Smith, 1989, p. 129).

Tomo como pressuposto o argumento de que a letra não se tornaria apenas um sinal gráfico ao vincular-se a uma palavra, porque esta, ao ser decomposta em unidades, tem na letra uma efetiva unidade por preservar nela as propriedades gráficas e semânticas do todo, isto é, da palavra. E ainda mais: a letra ao exercer uma função, como um caractere, torna-se equivalente a outra letra, mesmo que não seja a representação convencional de determinado fonema. Esta última questão é fulcral: o uso de determinada letra — o uso de **m** por **n**; **p** por **b**; **j** por **z** ou por **g**, ou ainda, o uso do *til* em vez de **n** ou **m** – não se dá porque o aluno se engana na correspondência do fonema, mas, ao contrário, porque não estaria preocupado com ela. Sua preocupação se desloca para a função de uma marca gráfica naquela posição que ocupa na palavra.

Desbordes (1995, p. 177) critica a busca da relação estreita entre o oral e o escrito, ao comentar que "[...] a ideia frequente, ingênua ou erudita, de que a escrita deve refletir o som, de que é preciso 'escrever como se fala', traduz-se, na prática, de um lado por uma tendência a multiplicar sinais, e de outro, por uma procura de isomorfismo entre escrito e oral [...]". Não há, por isso, pela própria experiência histórica, razões para insistir que a criança escreva, ou transcreva foneticamente, o seu próprio registro linguístico oral, isto é, o modo como fala em seu ambiente cultural, nem o modo de seu professor, imerso possivelmente em outro universo linguístico. Ao tentar escrever por uma língua, a criança se alfabetiza por ela, isto é, por meio dela, porque alfabetizar-se é um estado do sujeito que o leva a outro estatuto: o de sujeito gráfico, que compreende o mundo pelo gráfico. A língua por meio da qual é alfabetizada (pela língua materna, ou por outra língua, considerada estrangeira no ambiente doméstico, no caso de imigrantes) se configura como um instrumento para alcançar esse estado intelectual chamado alfabetização, que independe do uso adequado da letra convencional, colocada sobre o suporte no ato enunciativo, em um momento histórico atualizado.

Williams (1975, p. 35, grifos do autor) informa, do ponto de vista histórico em relação à evolução da língua portuguesa, que o "[...] uso final do **M** para indicar a nasalização da vogal apareceu talvez em monossílabos da prosa legal por imitação da ortografia latina, e.g., *com, quem, rem* (arcaico), *tam*. O abandono do **N** em favor do **M** ocorreu no século XIII". Há, contudo, usos também do *til*. Para Williams (1975, p. 34, grifos do autor), "[...] o til foi usado pelo *m* intervocálico para ganhar espaço num esforço de manter a linha dentro dos limites da margem direita". Nesse caso, foram atiradas ao ar todas as preocupações com a representação fonética, para que fosse cedido lugar ao esforço de configuração da palavra no final da linha a fim de que seu limite fosse respeitado, do mesmo modo como os datilógrafos, antes dos computadores, sublinhavam a última vogal da palavra a ser partida no final da linha, em vez de usar o hífen, indicador clássico do corte, em razão da necessidade de preservar o alinhamento vertical da datilografia na página. Fiz muito isso em meu trabalho como auxiliar de cartório nos anos 1960, em uma máquina Remington.

Alfabetizar-se, portanto, não equivale a saber representar os sons. Alfabetizar-se seria transcender a própria língua escrita, como sistema, para alcançar um estado diferenciado da intelectualidade humana, tendo como referência os sentidos em uma linguagem oral híbrida — materna e estrangeira — em casos de pluralidade linguística doméstica.

O outro aspecto que merece a atenção é o da segmentação da linguagem que parece obedecer, também, a ensaios históricos feitos pelos copistas ao reproduzirem textos originariamente escritos em escrita contínua, sem separação, na história da língua latina (Desbordes, 1995). Possivelmente, tanto naquele momento quanto agora, as tentativas de segmentação obedeciam e obedecem a critérios múltiplos — ora relacionados à prosódia, ora aos elementos sintáticos, ora a unidades de sentido, ora a sequências silábicas gráficas ensinadas como correspondentes a sequências silábicas orais. As crianças, apesar de expostas a modelos da linguagem escrita em português brasileiro contemporâneo, experimentam princípios antigos de segmentação.

Um modo de pensar histórico da língua como sistema durante o processo de apropriação da linguagem escrita pelas crianças quando tentam escrever enunciados (em vez de palavras) dirigidos para o outro pode ser, no caso da segmentação, remetido também para os gregos, de quem os latinos herdaram parte de sua cultura e costumes, e para os quais não havia razão para estabelecer na escrita uma individualidade para a palavra, uma vez que a linguagem oral era o fato linguístico mais importante a ser registrado. A língua escrita era para os gregos apenas um instrumento intermediário entre duas situações de oralidade — registrar os sons (escrever) e depois recuperá-los (ler). Por essa razão, a individualidade visual da palavra escrita não era tema para preocupações. A respeito da escrita não segmentada entre os latinos, afirma Desbordes (1995, p. 183) que "[...] pode haver aqui uma intenção de imitar a escritura grega onde a elisão é um fenômeno frequente e normal e onde, de uma forma mais geral, não existe a preocupação de preservar a individualidade das palavras: a regra, em grego, é a *scriptio continua*, a sucessão ininterrupta das letras".

Os latinos, todavia, já teriam experimentado critérios de segmentação antes de se curvarem à cultura grega e à escrita contínua a partir no século II d.C. e, por isso, insistiam em valorizar "[...] uma espécie de 'fisionomia' da palavra, que não queriam alterar em função de suas modificações orais, ocasionadas pela vizinhança" (Desbordes, 1995, p. 183). Entendida como configuração gráfica, a fisionomia da palavra seria composta pelas letras, como caracteres que preservam a natureza de unidades de um todo, cada qual com sua função a desempenhar na construção grafossemântica. Independentemente da correspondência grafema/fonema, as letras, nesse caso, exercem uma função gráfica, porque na linguagem oral ouvida e falada, as variações fonéticas, sociais ou regionais, não exigem diferentes registros gráficos.

Há que se destacar, todavia, que é possível pensar em ampla diversidade na escolha das letras pelas crianças, em vez de entender essa escolha como ação limitada à relação entre grafemas e fonemas, em vez de compreendê-los, tanto uns quanto outros, como unidades portadoras de sentido, como anunciaram Vigotski (2001) e Sampson (1996). As crianças, ao escreverem, desejam criar porções de sentido pela linguagem escrita e construir sentidos com caracteres gráficos — letras, acentos, pontos, sinais de toda ordem. Cada caractere — letra ou não — passa a portar parte do sentido que compõe o todo.

O processo de escrever abreviadamente as palavras, como sempre aconteceu ao longo da história, é exercido também pelas crianças, uma vez que as palavras em um enunciado, mesmo não tendo o registro de todas as letras, preservam o sentido, porque cada letra, ao ser escolhida, incorpora parte dele ao ser registrada. Em síntese, a criança aposta todas as escolhas no registro do sentido, com os caracteres e as letras que lhe são dados na experiência com a linguagem escrita, em vez de se preocupare exclusivamente com a correspondência grafofonêmica.

Considerados como importantes indicações, os dados singulares podem robustecer as hipóteses de que as letras em enunciados escritos pelas crianças no processo de apropriação da linguagem escrita não são elementos puramente técnicos, mas sim unidades portadoras de sentido do todo – como já anunciara Vigotski (2001) em relação ao fonema –, com funções na composição gráfica da palavra. Em outros termos: as letras, como as palavras, não abandonam a sua história quando utilizadas na vida contemporânea. Guardam os traços de sua imagem ancestral. A letra e a palavra são imagens.

No próximo capítulo, dirijo meus argumentos teóricos, baseados em observações em sala de aula, contra o conceito hegemônico de consciência fonológica, considerado, por políticas públicas no mundo ocidental, requisito para compreensão do mecanismo estruturante da linguagem escrita.

Consciência fonológica: debates

A temática da consciência fonológica, já abordada nos capítulos anteriores, é agora retomada para que seja discutida com apresentação de outros argumentos. Isso não quer dizer que não voltará nos próximos, porque minha intenção é combater sempre esse pré-requisito, porque mantém ligações profundas, como já apontei, com uma visão de homem, de criança, de língua, de linguagem escrita, de ciência, e, sobretudo, com um olhar próprio dirigido para as relações ecomômicas, políticas e sociais entre os homens.

O percurso foi delineado para passar por conceitos de linguagem, notadamente a relação entre linguagem oral e linguagem escrita. Apoia-se, como o capítulo precedente, nos estudos de Vigotski para estabelecer confronto com estudiosos de sua obra ou com os que se situam à margem dela. Esses pesquisadores não vigotskianos serão chamados a entrar no debate para que luzes sejam lançadas sobre o delineamento do objeto a ser ensinado no processo de alfabetização com um viés definido, ou seja, a linguagem escrita, sua autonomia em relação à oral, e os atos humanos a ela vinculados.

Apesar de ser um velho e desgastado debate, aparentemente sempre vencido pelos que veem a linguagem escrita como decorrente e submetida às leis e aos elementos da linguagem oral, as razões para sua inserção aqui se apoiam em argumentos, alguns aparentemente contraditórios, manifestados pelos pesquisadores que serão referenciados. Destacadamente, a temática nodal do ensino inicial da linguagem escrita se situa, em seu percurso histórico, nos embates nos campos de conhecimento dos quais se alimentam as metodologias de alfabetização, isto é, nas vertentes dos estudos do desenvolvimento do homem, da apropriação e da criação de conhecimentos, e, sobretudo de concepções de linguagem e seus desdobramentos.

As linhas demarcatórias entre essas vertentes são, evidentemente, postas pelos estudiosos dessa temática quando optam, de um lado, por uma concepção naturalística e fisiológica do desenvolvimento da criança, ou, de outro, por uma concepção cultural, social e histórica, ou, ainda, pela escolha, como objeto de ensino, das unidades formais da linguagem oral e de seu vínculo estreito com as da linguagem escrita, entendida esta última como sistema estável, fixo, impessoal e apartado das relações humanas. Há, ainda, outro ponto de vista oposto a este, isto é, o que opta pela escolha do ensino da linguagem escrita com ênfase nas trocas verbais escritas, isto é, nas intervenções concretas, nos enunciados da vida cotidiana nascidos das raízes culturais, sociais e históricas de uma nação ou de uma comunidade. Esses enunciados se aninham em gêneros de linguagem escrita, que, por sua vez, desrespeitam as fronteiras, e as possíveis inflexíveis classificações exteriores, para formar um pensamento de natureza predominantemente gráfica.

São essas algumas das opções teóricas à disposição dos professores que alfabetizam, mas as demandas principais desses profissionais vão em direção às questões de natureza metodológica, a saber: Quais caminhos levam a criança a esse mar de enunciados concretos, constituintes de gêneros de linguagem escrita, penetrados pelas experiências da realidade vivida? Como lidar com as questões formais sem que seja anulada a função sociocultural de troca de enunciados escritos da vida cotidiana, necessários para a formação da consciência do homem?

Nesse campo de estudos, opto por me alinhar a alguns dos princípios defendidos por Vigotski, sem abandonar o olhar crítico, especificamente em dois de seus trabalhos sobre desenvolvimento de conceitos, notadamente conceitos na área da linguagem e da linguagem escrita, e na relação entre o pensamento e a palavra, editados em duas versões: uma edição espanhola de 1997 e uma versão brasileira de 2001. O objetivo, portanto, é analisar e comparar posições teóricas e metodológicas entre a linguagem oral e a linguagem escrita, no campo da alfabetização, definidas por Vigotski e por dois de seus seguidores contemporâneos, e ainda analisar outros pontos de vista sobre o tema, à margem do espaço teórico vigotskiano.

As análises que faço dos estudos de Vigotski a respeito da linguagem escrita e de sua aprendizagem serão destacadas para criticar teorias que estabelecem pré-requisitos para a aprendizagem, como a consciência fonológica. Uma pergunta inicial de Vigotski, que desencadearia páginas de reflexão, situa-se no distanciamento entre o domínio da oralidade e da escrita por crianças historicamente situadas no início do século XX, na Rússia, no início da escolaridade, entre sete e oito anos. Suas afirmações são incisivas, como de costume, ao estabelecer distinções entre a oralidade e a escrita:

> Nossa investigação mostra que *a escrita, nos traços essenciais do seu desenvolvimento*, não repete minimamente a história da fala, que a *semelhança entre ambos os processos é mais de aparência que de essência*. A escrita tampouco é uma simples tradução da linguagem falada para signos escritos, e *a apreensão da linguagem escrita não é uma simples apreensão da técnica da escrita*. Neste sentido, deveríamos esperar que, com o domínio do mecanismo da escrita, a linguagem escrita viesse a ser tão rica e desenvolvida quanto a linguagem falada e que se assemelhasse *a ela como uma tradução* ao original. Mas nem isso se verifica na evolução da escrita. *A escrita é uma função específica de linguagem, que difere da fala* não menos como a linguagem interior difere da linguagem exterior *pela estrutura* e pelo *modo de funcionamento* (Vigotski, 2001, p. 312, grifos meus).

Permito-me analisar esse trecho para, posteriormente, fazer referência a outra de suas afirmações a respeito do conceito de *elementos* ou de *unidades* constitutivas da linguagem oral e da escrita, com consequentes desdobramentos que se darão em relação à escolha do objeto de ensino na alfabetização.

Vigotski toma alguns conceitos fulcrais para suas conclusões: o de desenvolvimento histórico e o da relação entre aparência e essência, conceitos muito caros ao investigador que assume o pensamento marxiano como referência. A primeira conclusão reconhece a história da linguagem escrita como distinta da história da linguagem oral, portanto atribui àquela o caráter de independência em relação a esta última, em seus traços essenciais, supostamente os traços que definem sua estrutura e sua função. Não há, ainda aqui, referência a supostos traços não essenciais, possivelmente os existentes na possível relação entre as unidades ou os elementos constitutivos de uma e de outra, sons e letras, fonemas e grafemas.

O ponto de partida e de apoio vigotskiano se situa na aparência que ilude o investigador ingênuo e o professor pouco afeito a investigações, porque podem conceber as duas criações culturais — a linguagem escrita e a linguagem oral — como criações em um processo pelo qual a primeira espelharia a segunda, tanto na relação entre elementos e unidades, quanto na relação entre estrutura e função. Não é, todavia, o que Vigotski assume como conclusão, porque a essência dessas linguagens revela distanciamento entre uma e outra, ou mais claramente, revela certa independência entre uma e outra em seus traços materiais e estruturais, mas há algo essencial que as une: a criação dos sentidos.

O que resta e o que mantém a aparência e a ilusão são os conceitos espontâneos, intuitivos, pouco complexos, portanto, aparentes. Essa independência material é revelada pela afirmação vigotskiana de que a escrita não é uma tradução da fala, muito menos uma técnica a ser apreendida pelos movimentos uniformes dos dedos. Ele toma aqui, como referência, os movimentos dos dedos em torno do lápis e da pena metálica usados nas escolas até a metade do século XX, sem que, culturalmente, pudesse ser considerada a amplitude dos gestos de escrita nos tempos posteriores, quando foram criados suportes diversos sobre os quais foram inscritos os sinais gráficos por meio de instrumentos manipuláveis pelos polegares, pelos olhos, pela boca, por mãos e pés.

Por ora, convém recuperar, contudo, outra afirmação de Vigotski, aparentemente contraditória em relação ao que aqui foi exposto, e que abre possibilidades para escolhas divergentes no que concerne ao objeto a ser ensinado e a ser apropriado pelas crianças no processo de alfabetização. O trecho a seguir se refere a minha observação feita há pouco sobre as referências que deveriam ser feitas ao tema "relação entre elementos" nas reflexões vigotskianas. O trecho em pauta está assim, na tradução brasileira:

> A investigação revela ainda em que consiste a outra relação com a situação exigida da criança na escrita. A primeira peculiaridade dessa relação consiste em que, na escrita, a criança *deve agir voluntariamente*, em que a linguagem escrita é *mais arbitrária que* a fala. Esse é o motivo central de toda a escrita. A forma sonora da palavra, que na fala é pronunciada automaticamente, sem decomposição em sons particulares, tem de ser decomposta na escrita. Ao pronunciar qualquer palavra, a criança não se dá conta dos sons que emite nem realiza nenhuma operação ao pronunciar cada som separadamente. *Na escrita, ao contrário, ela deve ter consciência da estrutura sonora da palavra, desmembrá-la e restaurá-la voluntariamente nos sinais escritos* (Vigotski, 2001, p. 315-316, grifos meus).

E deste modo, na tradução espanhola:

> A investigação descobre, ademais, em que consiste essa atitude diferente na situação em que se dá a linguagem escrita. Nesta, *a criança tem de atuar voluntariamente*, a linguagem escrita é *mais voluntária que a oral*. Esse é o

leitmotiv de toda linguagem escrita. A forma fônica da palavra, que na linguagem oral se pronuncia automaticamente, sem se desmembrá-la em sons isolados, exige na escrita uma ordenação, uma separação. A criança, ao pronunciar qualquer palavra, não se dá conta conscientemente dos sons que pronuncia, e não realiza *nenhuma ação intencional* ao pronunciar cada som isolado. *Na linguagem escrita, ao contrário, deve tomar consciência da estrutura fônica da palavra, desmembrá-la e reproduzi-la voluntariamente em signos* (Vygotski, 1997, p. 231, grifos meus).

São duas traduções que revelam dois tópicos marcantes: o primeiro diz respeito ao caráter voluntário ou arbitrário da linguagem escrita; o segundo se refere à necessidade de tomada de consciência pela criança da estrutura fônica da palavra oral para poder registrá-la em sinais gráficos, isto é, na linguagem escrita de modo voluntário. Em relação à primeira observação, é claramente perceptível que a versão brasileira destaca a ação voluntária da criança ao escrever, como uma atitude não natural, vinculada, portanto, ao desenvolvimento das funções psíquicas caracteristicamente humanas. A peculiaridade da escrita, como a entende Vigotski, na tradução brasileira é expressa na afirmação de que "a escrita é mais arbitrária que a fala", por razões entre as quais algumas podem aqui ser alinhavadas. Talvez não se tratasse de arbitrariedade, mas de ato voluntário e consciente, como registra a versão em espanhol. O caráter arbitrário da escrita parece, na tradução brasileira, ser confundido com o caráter arbitrário do signo linguístico em relação a seu referente, conforme o conceito de Saussure (1997).

Em consonância com o pensamento vigotskiano, mais próxima está a versão em espanhol que repete o termo *voluntário,* tanto para a atitude da criança quanto para a natureza da linguagem escrita, também voluntária, isto é, orientada por uma tomada de consciência, por um desejo, por uma atitude que se afasta da naturalidade da linguagem oral, para se inserir no mundo das apropriações culturais. Aqui, a referência se faz à linguagem oral como contraponto à linguagem escrita, diferentemente da versão brasileira, que contrapõe a escrita à fala, usando, por essa razão, a terminologia saussuriana da dicotomia língua e fala, em vez de linguagem escrita e linguagem oral, como bem registra a espanhola.

Ao usar a expressão alemã *leitmotiv*, frequente nos estudos sobre literatura, a versão espanhola destaca que o aspecto voluntário que impregna a linguagem escrita é o seu fio condutor, é o seu motivo condutor, não apenas o motivo central. Estão implícitos na expressão alemã os traços da intenção, da reflexão, da tomada de consciência, da elaboração, e do aspecto volitivo impulsionador dos atos humanos.

Ao insistir em alguns aspectos diferenciais entre linguagem escrita e linguagem oral, Vigotski atribui a esta última, nas duas versões (brasileira e espanhola), um caráter natural, porque estaria desprovida de operações complexas para sua manifestação, sem que houvesse consciência, pelo locutor, dos sons pronunciados e sem intenção de desmembramento dos elementos sonoros. A linguagem escrita, todavia, exigiria a consciência, pelo enunciador, da estrutura sonora ou fônica da palavra oral, a necessidade de percepção e de isolamento voluntário dos sons, dos fonemas, para em seguida "restaurá-la voluntariamente em sinais escritos", conforme a versão brasileira, ou "reproduzi-la voluntariamente em signos", de acordo com a espanhola.

Desses apontamentos, ligeiramente diferentes, podem ser tiradas algumas observações. As duas versões parecem respeitar o posicionamento de Vigotski, mas esse ponto de vista parece entrar em relativa contradição com o mesmo Vigotski em outros trechos, adiante destacados. Por ora, convém evidenciar suas afirmações de que, para escrever, uma operação intelectual e voluntária deve se manifestar, isto é, deve haver uma tomada de consciência dos fonemas, acompanhada por uma operação de separá-los, e logo depois com outra operação, a de sua restauração (versão brasileira) ou sua reprodução (versão espanhola) em sinais escritos (versão brasileira) ou em signos supostamente escritos (versão espanhola). Nas duas versões, o pensamento de Vigotski não permite dúvidas. Para ele, os sinais escritos — letras ou grafemas — considerados *elementos*, para usar o seu próprio conceito, são sons restaurados ou reproduzidos graficamente. O verbo *restaurar* indica a equivalência dos elementos materiais, entretanto, o que verdadeiramente se altera na restauração é essa materialidade transformada, de acústica para gráfica, mas os sentidos continuam aproximados. O verbo *reproduzir* dá o sentido de que o mesmo elemento é reproduzido, isto é, produzido de novo, sob outra forma material. Não há nenhuma indicação de que os caracteres gráficos poderiam ter existência própria, ou seja, que poderiam ser conceituados e reconhecidos no interior mesmo da linguagem escrita, ao invés de passarem por um processo de conceituação e de reconhecimento fora dela, isto é, na linguagem oral, por serem considerados espelhos dos "elementos" externos constitutivos desta outra linguagem.

Esta prescrição metodológica de desmembramento e restauração de fonemas sugerida por Vigotski se harmoniza com a vertente que toma o desenvolvimento da consciência fonológica como pré-requisito e como fundamento para a apropriação da linguagem escrita pela criança, cujos traços podem ser encontrados também em publicações oficiais brasileiras, como a Base Nacional Comum Curricular – BNCC (Brasil, 2018). Os elaboradores desse documento poderiam, sem correr riscos, apoiar-se nas premissas dos trechos citados de Vigotski, mas as matrizes do documento são, notadamente, não vigotskianas.

Uma dúvida, entretanto, incomoda os que adotam Vigotski como referência para a alfabetização. Como entender, no reino das ciências humanas, a existência de um mesmo princípio teórico que alimenta posições teóricas e metodológicas divergentes desde o ponto de partida, no que concerne à concepção de homem, de educação e, sobretudo, de linguagem e de linguagem escrita? Refiro-me às premissas encontradas na BNCC, de matriz não vigotskiana, e em dois pesquisadores localizados no México, autodeclarados vigotskianos, a seguir citados. Se muitos aspectos são distintos no ponto de partida, parece estranho que eles convirjam para o mesmo ponto, na chegada.

Em outras palavras, conceber a necessidade de desenvolvimento da consciência fonológica, bem como aceitar a relação aparente entre elementos materiais da linguagem oral e da linguagem escrita, parece ser o terreno comum de teorias que estão distantes entre si, quando são consideradas as suas matrizes epistemológicas. Há, entretanto, algo que justifica esse terreno comum, que pode ser encontrado nas palavras de Vigotski (1997, p. 231): "Na linguagem escrita, ao contrário, deve tomar consciência da estrutura fônica da palavra, desmembrá-la e reproduzi-la voluntariamente em signos". Nesse trecho, o *leitmotiv* da alfabetização está situado na necessidade do desenvolvimento da consciência fonológica.

Ao criticar teorias e métodos tradicionais e teorias e métodos contemporâneos que criam "moda" sem tocar na essência de conceitos considerados por eles científicos em alfabetização, Solovieva e Rojas (2017, p. 554) afirmam inicialmente que "[...] as mudanças, frequentemente, se limitam a substituir o nome de uma teoria por outra sem tocar na essência dos programas nem nos métodos de ensino". A leitura crítica de um de seus artigos, entretanto, pode revelar uma contradição. A sua própria proposta de metodologia para a aprendizagem da escrita e da leitura evoca, para sua formulação, conceitos e conhecimentos de teorias antigas ou contemporâneas, no Brasil ou no exterior, defensoras de outra matriz epistemológica, notadamente as que postulam a necessidade de desenvolvimento da consciência fonológica para a alfabetização.

Seu ponto de partida para propor novos métodos referendados pela teoria de Vigotski e de Elkonin tem, como referência, o país onde desenvolvem atividades acadêmicas, o México. Para eles, no cenário escolar, é "[...] fácil imaginar quantas crianças sofrem por ausência absoluta da introdução adequada dos traços essenciais dos conceitos, com os que eles trabalham ao longo da escola primária, secundária, preparatória etc." (Solovieva; Rojas, 2017, p. 560). Após elaborar críticas à exposição de letras e palavras acompanhadas de seus nomes, lá praticada, como faria um método tradicional, Solovieva e Rojas (2017, p. 562) anunciam:

> Nenhum dos métodos tradicionais forma a ação nuclear necessária para formar a habilidade generalizada de reprodução da estrutura gráfica da palavra em sua estrutura auditiva. A análise sistêmica da ação da leitura, como a estabeleceu o fundador deste método no idioma russo, D. B. Elkonin (1999, 1989, 1995), para os idiomas alfabéticos consiste na possibilidade de converter um grafema (imagem visual de uma letra) em um fonema ou combinações de fonemas dentro das palavras. Por esta razão nós podemos ler todas as palavras do idioma espanhol. Inclusive se desconhecemos seu significado.

Nada há de divergência na essência dos conceitos, do conhecimento e das metodologias por eles defendidos e os empregados por setores que não compartilham das mesmas bases epistemológicas vigotskianas. A premissa da citação é a de que a criança deve aprender a extrair os fonemas dos grafemas, sem que sejam considerados os sentidos dos enunciados. A essência, entretanto, parece residir no oposto a essa premissa que ocupa o reino das aparências, porque o que mais importa em alfabetização é a criança criar e compreender o sentido pelas formas gráficas.

Com a intenção de apontar outras contradições entre os citados e o principal pensamento vigotskiano, registro outros trechos:

> Posteriormente a criança aprende a realizar a primeira classificação teórica de sons da linguagem: reconhecer os sons de vogal e de consoantes. Esses sons são marcados no esquema com diversas cores. Desta forma se introduz uma primeira diferenciação de sons, a qual rebate um conceito comum de consciência fonológica (Solovieva, Rojas, 2017, p. 562).

Os autores aprofundam ainda mais o conceito de consciência fonológica, já que o conceito comum, segundo seu entendimento, carece de cientificidade. O importante, para eles, é ir ao núcleo dessa suposta cientificidade, e isso deveria ser colocado em prática ao se afastar a criança da relação com os enunciados escritos:

> Igualmente a criança analisa a estrutura das palavras, propõe palavras com a mesma quantidade de vogais e consoantes, propõe mais palavras que se iniciam pelo mesmo som etc. E tudo isso sem conhecer nenhuma letra! As letras são introduzidas muito mais tarde, depois que a criança adquire a possibilidade de diferenciar opções fonemáticas finas do idioma materno: (p-b; k-g; rr-r; n-ñ etc.). As letras são introduzidas gradualmente de acordo com o tipo de correspondência entre grafema e fonema no idioma espanhol (Solovieva; Rojas, 2017, p. 562).

É possível tirar daqui algumas conclusões. Para eles, deve-se ensinar a criança a escrever ouvindo os sons, em vez de orientá-la a se apropriar dos enunciados plenos de linguagem escrita. A criança é afastada do objeto desde o início da aprendizagem para dele se aproximar somente em um tempo no futuro. Ganham destaque, nessa perspectiva por eles defendida, os elementos mínimos da oralidade e da escrita, destituídos de sentidos ou de significado, em vez de serem considerados como unidades que compõem um todo pleno de sentidos, como preceitua Vigotski. A forma gradual de informar dados à criança se equipara ao que mais tradicional existe no mundo ocidental. Não há mudanças na essência do processo; há aprofundamento de um conhecimento reverenciado como comprovadamente científico, para usar uma expressão do senso comum. A visão mostra-se extremamente conservadora, deslocada dos cenários vigotskianos nas décadas iniciais do século XX em que havia outra configuração social, outro perfil de infância e conceitos de aprendizagem diferentes dos aqui expostos por Solovieva e Rojas (2017).

Os posicionamentos teóricos a respeito das relações entre oralidade e escrita e de suas unidades constitutivas mencionados em outros estudiosos, entre os quais podem ser citados Desbordes (1996), Catach (1996), Olson (2010) e Ferreiro (2004). Ferreiro parte do ponto de vista de que, na segunda metade do século XX, alguns estudiosos, como Sampson e Catach, entre outros, começaram a elaborar teorias sobre a escrita. Em suas conclusões sobre a consciência fonológica, afirma que:

> A própria noção de *phonological awareness* supõe que os fonemas existem em um nível inconsciente, antes de se ter consciência deles. [...] No entanto, o que está claramente implicado é que se trata da mesma unidade que passa do nível inconsciente (ou de baixa consciência, para não entrar em investigações psicanalíticas) ao nível da "manipulação" voluntária. O que estamos sugerindo é que não se trate da mesma unidade. Estamos sugerindo — com consciência do atrevimento — que o fonema não preexiste à "tomada de consciência". O fonema é o produto de um novo nível de reorganização das unidades da fala, permitido (sugerido, imposto talvez) pela escrita (Ferreiro, 2004, p. 148).

Duas das afirmações anteriores merecem destaque. A primeira é a que entende a consciência do fonema como não preexistente, mas resultado do domínio da escrita pelo sujeito; dito de outro modo, a consciência do fonema é resultado do desenvolvimento de uma consciência gráfica, do domínio do grafema ou dos caracteres, em vez de se tomar o processo inverso — do fonema para o grafema — como real. A segunda se vincula ao pensamento vigotskiano, ao introduzir a "manipulação voluntária" do fonema como indicação de tomada de consciência. De certo modo, Vigotski afirma que escrita exige também uma manipulação voluntária, precedida de uma suposta manipulação voluntária do fonema, porque a criança "[...] na escrita, ao contrário, ela deve ter consciência da estrutura sonora da palavra, desmembrá-la e restaurá-la voluntariamente nos sinais escritos" (Vigotski,

2001, p. 315-316). Ferreiro (2004, p. 152) também cita Olson para dele discordar a respeito de sua defesa da "[...] escrita como um modelo que permite analisar a fala". Mais adiante, daremos diretamente voz a Olson. Aqui, contudo, convém continuar com Ferreiro (2004. p. 154), em suas conclusões:

> As escritas historicamente constituídas são muito mais que modelos para a análise da fala. São objetos em si, com funções e poderes sociais, com maior força elocutiva que a fala. Nenhuma das escritas alfabéticas, historicamente constituídas por múltiplos intercâmbios culturais, reflete fielmente os níveis de análise linguística. Não são totalmente fonológicas, nem morfológicas, nem semântico-fonológico-morfológicas. São sistemas mistos (inconsistentes, se se quer) que resistem a um esforço de modelização racional.

De suas conclusões sobre a hibridização dos sistemas linguísticos, tira-se outra — a de que as unidades da linguagem oral e da linguagem escrita não estão dadas, nem as línguas ocidentais podem ser declaradas alfabéticas, nem há espaços para o respeito ao pressuposto que impõe a consciência fonológica como a necessária manipulação voluntária dos elementos da linguagem oral para uma voluntária correspondência com elementos da linguagem escrita. Essa discussão sobre correspondências entre unidades materiais das linguagens exclui a unidade fundamental que une linguagem oral e linguagem escrita, a mesma que funde pensamento e linguagem na visão de Vigotski: a unidade do sentido. Todavia, seria melhor dizer desta maneira: o sentido funciona como a unidade que se manifesta em duas materialidades distintas, a oral e a gráfica. Não há razão justificável que exija a exclusão dos *sentidos* da relação entre oralidade e escrita no processo de alfabetização.

Creio ser necessário ir diretamente agora a Olson (2010, p. 86) para inserir aqui o que ele considera como a sua tese a respeito do assunto:

A tese que eu quero desenvolver no presente capítulo é que se pensa a linguagem oral utilizando os conceitos e as categorias vindos dos sistemas de escrita, e não o inverso. A consciência das estruturas linguísticas é um produto do sistema de escritura, e não uma condição prévia a seu desenvolvimento. Se esta tese for correta, não será mais possível explicar a evolução da escrita como uma tentativa de representar as estruturas linguísticas (as frases, as palavras, os fonemas etc.): esses conceitos eram desconhecidos àqueles que precederam a escrita.

Mesmo tendo como referências os elementos materiais das duas linguagens, Olson repara que o ato de conceituar os elementos da escrita se baseia em elementos de fora dela, isto é, nos da oralidade. Trata-se de uma relação exógena, neste caso. Mas os elementos orais não são, tradicionalmente, descritos em relação exógena, pelo escrito. Ora, se os elementos orais são caracterizados por uma visão endógena, esse deveria ser também o procedimento em relação à escrita. Dessa maneira, o fonema deveria ser mapeado no interior da oralidade e o grafema no interior da escrita, sem relação de dependência. A respeito dessa relação entre unidades escritas e orais, Bajard e Arena (2015, p. 254) desenvolvem a ideia de independência, por meio da qual são elaboradas as teses de que:

> O objeto a ser ensinado na alfabetização são os atos humanos culturais complexos, considerando-se a escrita como instrumento cultural criado e recriado em cada ato praticado pelos homens nas esferas da vida. A de que esse sistema tecnológico e cultural alcançou um novo estatuto de natureza tipográfica, construído com propriedades específicas que o tornam referência a si mesmo no ato de aprender, portanto, em ações endógenas de referência de unidades, sem a necessidade de o aprendiz deslocar-se para unidades fora dele, como referência exógena, isto é, para o sistema fonético da língua oral.

No alinhamento entre as referências feitas por Ferreiro, situam-se, além dos estudos de Olson, os desenvolvidos por Catach (1996) a respeito desse tema tão controverso. Na apresentação de uma obra resultante de um colóquio internacional que tinha como objetivo desenvolver uma teoria específica da linguagem escrita, realizado em outubro de 1986 na França, Catach faz referência a duas grandes obras, precursoras desses estudos: *A study of writing — the foundations of grammatology*, de I. J. Gelb, de 1952; e *De la grammatologie*, de J. Derrida, de 1967. A partir dessas obras, conforme afirma, estudos em direção à elaboração de uma teoria sobre a escrita ganharam impulso.

Dois de seus pontos de vista merecem ser aqui citados. O primeiro deles refere-se à pretendida hegemonia da escrita alfabética ocidental. O segundo tem a ver com uma proposta de uma nova ciência para dar cabo da tarefa de olhar a escrita a partir de dentro dela mesma. O acento irônico dos enunciados de Catach não obscurece, contudo, a essência do problema por ela evidenciado no primeiro ponto de vista:

> Em primeiro lugar, hoje parece claro que nosso conhecimento da língua e da escrita repousa em certo número de crenças inculcadas desde a infância e cuja veracidade não parece, em momento algum, dever nem poder ser questionada. Entre tais crenças, figura uma imagem linear e pouco dialética da evolução dos sistemas de escrita. [...] Bem no alto o alfabeto, cuja elegância prática e abstrata confunde-se intimamente para nós com a Antiguidade greco-latina, origem e ponto de referência inextirpável de nossas sociedades e é, portanto, associada a toda uma tradição de valores morais, de progresso científico, de pensamento claro, preciso, e também, da democracia, à qual aderimos por completo. Nessa visão idílica, a escrita, brilhante auxiliar da linguagem oral, figura de maneira comportada na vitrina das peças raras da história das técnicas, ao lado da roda, do barbante, do zero e do metro padrão (Catach, 1996, p. 6).

O olhar crítico de Catach encontra a escrita alfabética na sala das invenções históricas como uma técnica auxiliar da linguagem oral, destituída, portanto, de seus próprios fundamentos que poderiam conceder a ela um estatuto de emancipação. Para isso, defende o conceito de um sistema gráfico que deveria "[...] respeitar a 'palavra', o radical portador de sentido, através dos acidentes do discurso (entre parênteses, absolutamente não concordo com os que consideram a 'palavra' uma noção arbitrária da língua)" (Catach, 1996, p. 7). Mais do que criticar o conceito arbitrário do signo em Saussure, Catach evidencia a função do sentido na palavra gráfica e da relação entre sua forma e o seu conceito, sem que haja, necessariamente (mas apenas por escolha) passagem pela oralidade. Para cumprir esse papel de olhar a escrita por meio de suas próprias unidades constitutivas, Catach (1996, p. 8) propõe que:

> A reconsideração de todos esses pontos de vista tem uma consequência de importante alcance: nossa nova ciência, a grafêmica, deverá conquistar um lugar no seio das disciplinas linguísticas. Longe de voltar a uma visão esclerosada da linguagem, que confundiria a letra e o som e limitar-se-ia ao texto tomado pela língua, deveremos, doravante, com paciência e calma, reconquistar o lugar do escrito junto ao oral e não avançar, se assim posso me expressar, em um só pé.

Ao sair desta citação que se refere a um evento científico realizado em 1986, resta a sensação de que o espaço da escrita ainda não foi reconquistado no reino do processo de alfabetização ocidental.

Depois de eu ter introduzido, a princípio, apontamentos feitos por Vigotski sobre a relação oralidade e escrita e, especificamente, entre seus elementos constitutivos, e de ter, em seguida, enveredado em direção a outros estudiosos da temática, é necessário voltar para as suas afirmações para verificar se há alguma contradição entre elas ou se são as leituras atuais, que de Vigotski são feitas, que o situam no mesmo universo de Olson, Catach, ou de Gelb e Derrida, referenciados por Catach. Como feito anteriormente, será necessário confrontar os mesmos trechos em duas versões, a brasileira e a espanhola.

Na versão brasileira, destaco o trecho que remete à discussão para o caráter abstrato da linguagem escrita e do concreto da linguagem oral. Essa distinção se apoia em um traço distintivo, o da materialidade sensível, portanto, audível, da linguagem oral, e da linguagem escrita não materializada em sons, supostamente abstrata, porque apoiada no significado. Entretanto, a escrita também tem a sua própria e específica materialidade, concreta, desse ponto de vista, sensível aos olhos.

Ao enfatizar que a linguagem escrita não é pronunciada ao ser inscrita pela criança em um suporte, por ser somente pensada, Vigotski anuncia traços contraditórios em relação à análise dos elementos sonoros das palavras, em trecho inicialmente citado. Neste outro trecho, na versão brasileira, que parece fazer contraponto àquele, afirma que:

> Neste sentido, a linguagem escrita difere da falada da mesma forma que o pensamento abstrato difere do pensamento concreto. É natural que, em decorrência disto, a linguagem escrita não possa repetir as etapas de evolução da linguagem falada. Como mostram as investigações, é exatamente este lado abstrato da escrita, o fato de que esta linguagem é apenas pensada e não pronunciada que constitui uma das maiores dificuldades com que se defronta a criança no processo de apreensão da escrita. Quem continua a achar que a maior dificuldade são o atraso dos pequenos músculos e outros momentos relacionados com a técnica da escrita enxerga as raízes da dificuldade não lá onde elas efetivamente existem, e admitem como central e fundamental o que de fato tem um significado de terceira ordem (Vigotski, 2001, p. 313).

Na versão em espanhol, assim se pode ler:

> Agora se planeja uma nova tarefa: [a criança] deve se libertar do aspecto sensível da própria linguagem, deve passar à linguagem abstrata, à linguagem que não utiliza palavras, mas ideias de palavras. Nesse sentido, a linguagem escrita se distingue da linguagem oral do mesmo modo que o pensamento abstrato do visual. Naturalmente é que por isso a linguagem escrita não pode repetir as etapas de desenvolvimento da linguagem oral, não pode corresponder ao nível de desenvolvimento desta última. Como mostram nossas investigações, é precisamente

o caráter abstrato da linguagem escrita, o fato de que esta linguagem só se pensa e não se pronuncia, o que constitui uma das dificuldades maiores em que tropeça a criança durante o processo de domínio da escrita. Quem segue considerando que uma das dificuldades mais importantes consiste na falta de desenvolvimento dos músculos relacionados com a técnica da escrita não vê as raízes das dificuldades ali onde realmente existem, e toma o insignificante como o central, o fundamental (Vygotski, 1997, p. 229).

Se as dificuldades da linguagem escrita residem no fato de que ela é pensada, mas não pronunciada, pode-se inferir que não há razão para se isolar os elementos sonoros da palavra oral para restaurá-los na palavra escrita, como afirmara nos trechos iniciais. Do mesmo modo como ele desqualifica a ênfase nos gestos e no tratamento de desenvolvimento muscular para a aprendizagem da escrita preconizada pela velha escola, é conveniente pensar também que é possível desqualificar a necessidade de desmonte oral da palavra, originária da velha escola, da tomada de consciência dos fonemas para que sejam inscritas as palavras em suportes, que, diferentemente da teoria sobre o uso dos músculos específicos para escrever, ainda resiste ao seu desmoronamento.

A respeito da indevida importância dada aos movimentos com os dedos, Vigotski afirma, na versão brasileira, que quem "[...] enxerga as raízes da dificuldade não lá onde elas efetivamente existem", [...] admite "[...] como central e fundamental o que de fato tem um significado de terceira ordem". Melhor ainda que a brasileira, a versão espanhola não usa a expressão "terceira ordem" que poderia causar problemas conceituais, uma vez que Vigotski utiliza, em outras situações, as expressões *primeira e segunda ordem* para estabelecer relações entre oralidade, escrita e elementos simbólicos. A versão espanhola, menos dúbia, afirma que, ao se olhar para os movimentos, "[...] não [se] vê as raízes das dificuldades ali onde realmente existem, e tomam o insignificante como o central, o fundamental".

Pode-se ousar acrescentar ao que afirma Vigotski que ver as raízes das dificuldades em que tropeça a criança, quando aprende a escrever no isolamento dos elementos sonoros, é não ver as dificuldades onde elas existem, na compreensão da linguagem escrita como uma linguagem com suas especificidades e suas próprias unidades — as materiais e as imateriais —, as formas gráficas e os seus sentidos; tomar o isolamento dos sons como o ato fundamental desvia o pensamento da criança das análises das unidades constitutivas da linguagem escrita para a remeter em direção às análises dos elementos constitutivos da linguagem oral.

Se não há contradição explícita, há, pelo menos, pistas que podem ser perseguidas por estudiosos que defendem a necessidade de desenvolvimento da consciência fonológica, como podem por elas enveredar também os que a criticam. Reforço a minha argumentação com um trecho vigotskiano que discute o conceito de elemento e o de unidade como princípio constitutivo de método de análise da linguagem oral. Minha intenção é evidenciar o posicionamento de Vigotski, que o afasta dos que admitem a relação entre os elementos dos significantes orais e gráficos como um conteúdo intocável na relação oralidade e escrita. Vigotski desloca o núcleo do problema antes colocado nos elementos materiais para situá-lo na unidade entre pensamento e linguagem, isto é, para o significado da palavra no enunciado, nos atos de linguagem. Elabora, para isso, uma curta conclusão de uma pesquisa sobre estudos de linguagem, na edição em espanhol:

> Por isso, temos tentado desde o primeiro momento adotar outro ponto de vista, ver o problema de outra forma e utilizar outro método de análise na investigação. Temos tratado de substituir a análise do pensamento verbal baseado na decomposição em elementos pela baseada na divisão em unidades, interpretando estas últimas como os produtos da análise que, diferentemente dos elementos, constituem os componentes primários, no que diz respeito à generalidade do fenômeno a estudar, mas somente com respeito a suas características e propriedades concretas.

Ditas unidades, à diferença dos elementos, não perdem as propriedades inerentes ao todo que devem ser objeto da explicação, porque encerram em sua forma mais simples e primária essas propriedades do todo que tem motivado a análise. A unidade resultante da análise resume as propriedades inerentes ao pensamento verbal como um todo.
Temos encontrado essa unidade, que reflete a união do pensamento e a linguagem, na forma mais simples, no *significado da palavra*. O significado da palavra, como explicamos anteriormente, é a unidade de ambos os processos, que não admite mais decomposição e acerca do qual não se pode dizer o que representa: um fenômeno de linguagem ou do pensamento. Uma palavra carente de significado não é uma palavra, é um som vazio. Por conseguinte, o significado é o traço necessário, constitutivo da própria palavra. O significado da própria palavra vista desde seu aspecto interno. Portanto, parece como se tivéssemos direito a considerá-la com suficientemente fundamento como um fenômeno da linguagem. Mas, no aspecto psicológico, o significado da palavra não é mais que uma generalização ou um conceito, como pudemos nos convencer repetidas vezes ao longo da investigação. Generalização e significado da palavra são sinônimos. Toda generalização, toda formação de um conceito constitui o mais específico, o mais autêntico e o mais indiscutível ato de pensamento. Por conseguinte, temos o direito de considerar o significado da palavra como um fenômeno do pensamento (Vygotski, 1997, p. 288, grifos do autor).

Vigotski não aborda diretamente a distinção entre elementos da palavra oral e escrita. Sua atenção se encaminha para o significado como uma unidade indecomponível; analisa a palavra como linguagem, mas não a vê como constituída por elementos, mas por unidades. Enquanto os primeiros (elementos) se situam predominantemente na esfera da materialidade, a unidade, ao contrário, localiza-se na esfera do significado, tornando-se o traço necessário, vital, para a existência da palavra como conceito e generalização.

O elemento, portanto, permanece como elemento, se o ato de linguagem, oral ou escrito, desconsiderar a palavra em situação enunciativa. Aí deixa de ser até mesmo um ato de linguagem, porque a palavra-enunciado é abandonada e reduzida a uma sequência sonora ou gráfica de elementos. Tanto os sons da oralidade quanto os caracteres da escrita podem ser considerados elementos, mas também ganhar a dimensão de unidade, quando são incluídos na formação do todo do significado, entendido como unidade entre pensamento e a palavra-enunciado.

Ora, visto por este ângulo, parece não haver espaço para o desmembramento da palavra oral em sons, portanto em elementos, e sua restauração ou reprodução em letras, também elementos, no ato de aprender a escrever. Esse lugar será ocupado pela palavra, constituída de unidades que incorporam o todo, isto é, o significado do enunciado, respeitando-se aqui os conceitos do próprio Vigotski. O significado seria a unidade entre pensamento e palavra na sua acepção, mas pode ser também a unidade entre a materialidade sonora das unidades orais e a materialidade sonora das unidades escritas, não apenas das letras, mas também dos sinais usados na escrita, considerando-se então as letras e os sinais como caracteres. Unidades orais e escritas não teriam um encontro de correspondências na esfera da materialidade, mas, ao contrário, na esfera do significado.

A respeito da apropriação das ideias de Vigotski no México, no campo da psicologia, Aguilar (2016) tece críticas aos trabalhos de Solovieva e Rojas (2017), particularmente porque declararam se apoiar em Vigotski e na Teoria Histórico-Cultural. No trecho a seguir, ele critica a abordagem desses dois pesquisadores a respeito da zona de desenvolvimento proximal (ZDP) e das unidades de análises, que é o que aqui mais interessa:

> Na psicologia, o emprego e a apropriação das ideias de Vigotski têm sido levados a cabo, entre outros autores, por Solovieva e Quintanar, que têm aplicado a ZDP em seus trabalhos de neuropsicologia (Solovieva e Quintanar, 2004) e mais recentemente se têm ocupado das 'unidades de análises' vigotskianas (Quintanar, 2009, Solovieva, 2009). Entretanto, em sua obra referem-se a suas aproximações com a teoria histórico-cultural

sem especificar nos títulos de seus trabalhos se de Vigotski se trata (Solovieva e Quintanar, 2005, 2006, 2007; Quintanar e Solovieva, 2008), e ao lê-los resta a impressão que tal teoria é igual ou similar à teoria da atividade de Leontiev (Aguilar, 2016, p. 369).

O que importa na citação é o fato de que Aguilar (2016) critica a apropriação de Vigotski por Solovieva e Quintanar Rojas (citado por ele como Quintanar) também em relação às unidades de análises. Essa crítica de Aguilar a apropriações indevidas da dupla de pesquisadores leva ao desmanche de suas afirmações sobre o aprofundamento "científico" da consciência fonológica com apoio em Vigotski. O ponto de partida teórico que os leva a insistir nas análises dos elementos e não das unidades de significados no processo de alfabetização não encontra, portanto, o seu suporte em Vigotski, que eles consideram como "Mozart da psicologia" (Solovieva; Rojas, 2017, p. 557).

Tal como foi anunciado inicialmente, o objetivo era analisar as relações entre a linguagem oral e a linguagem escrita no processo de alfabetização, para encontrar outros caminhos para a alfabetização de crianças à margem da conduta consolidada e intocável de entender as relações entre grafemas e fonemas como inquestionáveis, fundamentalmente precedidas pelo desenvolvimento de uma padronizada consciência fonológica. Embora tema recorrente e gasto, é preciso a ele voltar com insistência, porque, mesmo na esfera dos estudos da Teoria Histórico-Cultural, na matriz dos estudos de Vigotski, vicejam, no Brasil, no México e na Rússia, pesquisas e práticas que por aí se enfiam.

Essa convergência em relação a um conhecimento considerado específico e inquestionável por estudiosos de teorias, cujas premissas epistemológicas são distintas e inconciliáveis, motiva o aprofundamento da discussão. Por essa razão, a metodologia de análise exigia a retomada de alguns dos escritos de Vigotski, compará-los para encontrar pistas de contradição ou pistas por onde estudiosos, distanciados no ponto de partida, pudessem se encontrar no ponto de chegada. A releitura dos textos vigotskianos e suas análises podem projetar mais luz na penumbra que ainda cobre a área.

É para um dos lados dessa fronteira que Vigotski parece se dirigir: o da sempre vanguarda que se inquieta com a natureza intocável dos conhecimentos criados pelo homem nas ciências humanas. A linguagem escrita na alfabetização está à procura de uma teoria que a instrumentalize para compreender as suas próprias unidades, em percurso para seu interior, em ação endógena, em vez de topar com teorias que tentam delineá-la e identificá-la com análise dirigida de fora, com os elementos da oralidade, como o fonema.

Nesse universo em que a linguagem escrita é constituída por unidades visuais com funções específicas, que as afastam do controle reducionista da relação fonema-grafema, ganha importância a discussão dos demais caracteres, além da letra, que também são unidades constitutivas, mesmo os não ostensivamente grafados, como os criados pela delimitação visual feita pelos caracteres-figuras inscritos com tintas no papel ou nas telas. Refiro-me aos espaços entre as palavras ou os distribuídos pelos enunciados. Esses intervalos têm significados e funções. Deles cuidará o próximo capítulo.

Intervalo entre palavras e outros espaços vazios: funções

Em artigo publicado há alguns anos, fiz alguns ensaios sobre a relação entre pontos e espaços em branco em uma reescrita de história infantil, feita por uma criança de 8 anos. Meu intuito era evidenciar a utilização dos espaços entre períodos na composição dos enunciados. Até então negligenciada por mim ao analisar escritas infantis, a função do espaço começava a atrair a minha atenção no processo de construção do texto. Outra preocupação se dirigia para as tentativas de compreensão, pela criança, do conceito gráfico da palavra em um sistema de escrita aparentemente alfabético, tradicionalmente submetido a conceitos próprios da língua oral. Por esse sistema, uma letra e uma palavra escrita seriam unidades relacionadas aos fonemas da palavra oral, em vez de se apoiarem nos elementos constitutivos da linguagem escrita, como os caracteres, entre eles o *espaço-branco*, ou o intervalo entre as palavras ou entre períodos ou entre parágrafos.

Posteriormente, li os estudos de Bajard (2012) sobre as atividades de alfabetização das crianças do Projeto Arrastão, em São Paulo, que tinham a intenção de promover o desenvolvimento da consciência gráfica em substituição à fonológica. Em 2013, durante período dedicado a estágio de pós-doutorado na Universidade Sorbonne, Paris IV, com bolsa Fapesp, participei de um evento promovido pelo Ministério da Educação da França em colaboração com a Biblioteca Nacional. Ali pude conhecer os estudos de Anne-Marie Christin a respeito do *espaço-branco* e aprofundar os contatos pessoais com Emmanuel Souchier, responsável pelo meu estágio em Paris, e com seus estudos acerca de linguagem, tipografia, tecnologias e comunicação.

O uso de diferentes suportes, como a folha com espaços previamente determinados, como o papel liso ou a parede da sala, mereceu meus olhares incisivos, iluminados pelos estudos de Christin (2009) e de Souchier (2006; 2012). Tendo construído essa curta contextualização do tema como objeto de investigação, ensaio investidas em direção à compreensão do espaço-branco e de suas relações com a apropriação dos enunciados. Para isso, retomo os autores aqui referenciados para encontrar um nome, aliado a um conceito, para o que os franceses, como Christin (2009), Bajard (2012) e Souchier (2006), consideram como *espaço-branco* ou *intervalo*.

No Brasil, costumeiramente, é utilizada a expressão *espaço em branco*. Não se trata, todavia, de uma questão de escolha de nome, mas de conceitos, visto que há outros olhares que analisam esse mesmo espaço *branco*. Um ponto de vista filosófico promove o debate entre o vazio e o pleno; o tipógrafo usa o branco para compor a página; o pintor lida com a tela de fundo branco e com cores; o publicitário tenta, com o espaço, impactar o consumidor; o poeta constrói com ele seu poema; o estudioso da alfabetização ensaia compreender a sua função nos enunciados escritos pelas crianças pequenas.

Não se trata só de um problema de cor, isto é, do branco como superfície clássica dos suportes (Christin, 2009), mas também da ideia de intervalo, do jogo entre vazio e cheio. Entendo, como os dois dos autores de minhas referências, a *tela* como a superfície do suporte em que a escrita é inscrita, e o *branco* como sua característica, sem entendê-lo como cor, mas como intervalo criado em um largo espaço já cheio, porque parto do princípio de que o branco não representa o vazio, mas o pleno. As marcas inscritas criam, no grande espaço já existente, intervalos que poderão ser alçados à categoria de signo, ou de caractere, devido à função a eles atribuída por quem elabora o enunciado escrito. Dada a impossibilidade cultural e linguística de atribuir um sentido único a uma palavra (Volochinov, 2010) e ali o encarcerar, optarei por utilizar *espaço-branco*, empregado para designar espaços na linguagem escrita, resultado do uso de tipos tipográficos sem caracteres com tinta ou do espaço criado pela mão alçada de quem escreve, ora uso *espaço* ou *intervalo* conforme emprega semioticamente Christin (2009) para compreender todos os espaços da página, ela mesma uma tela.

Bajard (2012) observa que a maior tecla do teclado é a responsável pelo *espaço-branco*. Um olhar não alfabético dirigido para os teclados percebe que há um conjunto de três fileiras com letras, mas há um número maior de teclas com diferentes sinais considerados não letras, necessários para a composição dos enunciados. Antes do advento do teclado do computador e do celular, o da máquina de escrever já portava uma imensa tecla destinada ao espaço-branco e outras tantas destinadas aos sinais não alfabéticos. A tipografia já não contava apenas com as letras, mas também com um conjunto de sinais aplicados na inscrição da escrita manuscrita. Os teclados dos *smartphones*, por sua natureza virtual, estenderam ainda mais em suas teclas a exposição de caracteres.

Cartilhas adotadas no Brasil, como a *Alegria de saber* (Passos, 1997), fazem corresponder a letra inicial de uma palavra ao seu som correspondente e à imagem do objeto de referência, como **U** de *ubá*. Todavia, as cinco vogais (para ficarmos apenas nas vogais) ensinadas para as crianças pequenas — a, e, i, o, u — não são as orais, mas a representação gráfica de somente cinco delas. As crianças não entendem, e talvez nem o professor, esse jogo entre vogais orais em maior número e sua correspondência escrita reduzida a apenas cinco. Essa situação se expande, agora, para os teclados dos celulares com a apresentação de vogais já acopladas aos sinais, cada uma formando outro caractere, em um sistema alfabético hibridizado abalado pelos comportamentos dos homens no uso de seus instrumentos tecnológicos.

O uso dos intervalos, dos espaços-brancos, das letras e dos sinais evoluiu desde o mundo grego e o latino (Fischer, 2006; 2009; Desbordes, 1995; 1996; Svenbro, 2002; Saenger, 2002; Parkes, 2002). Desbordes (1995) revela, em seus estudos sobre a escrita do latim na antiga Roma, a tensão motivada pela introdução do intervalo entre as palavras, conforme a tradição etrusca, e sua eliminação, de acordo com a tradição da cultura grega incorporada pelos romanos. Para melhor compreensão dessa tensão, recorto trechos longos, mas esclarecedores, da autora aqui referenciada:

> Numerosos textos teóricos latinos parecem refletir sobre problemas de leitura que implicam a *scripto continua*, isto é, o fato de os textos serem simplesmente constituídos de letras que se seguem regularmente sem indicação de disjunção e sem adição de sinais de outra espécie; nesse sistema, o primeiro verso de *Eneida* escreve-se:
>
> ARMAVIRVMQVECANOTROIAEQVIPRIMVSABORIS
> (*arma uirumque cano, Troiae qui primus ab oris*)
>
> Essa maneira de escrever é realmente a regra geral entre os gregos, em todas as épocas, salvo raras exceções. Mas a mesma coisa não acontece com os latinos. Os latinos conheceram e praticaram a separação das palavras desde as origens (sem dúvida por influência etrusca) até o século II d.C. Essa separação das palavras evidentemente não imita um fenômeno do oral, mas preenche um papel demarcativo que preenchem, no oral, os acentos (há, *grosso modo*, em latim um acento por palavra). Marcada, seja por um ponto, seja por um "branco", está presente na maioria das inscrições monumentais e é encontrada também nos documentos tipo tabuinhas, papiros, grafites de que falta avaliar a proporção (Desbordes, 1995, p. 203-204).

A palavra *branco* colocada entre aspas no original revela a indecisão entre o uso dos termos *intervalo* e *branco* para designar os espaços introduzidos. Mesmo que o fundo do suporte não seja branco, o espaço-intervalo incorpora não a cor, mas o conceito e sua marcação, com a visível disputa com os pontos colocados entre palavras nas inscrições latinas. Há, ainda, outro trecho em que Desbordes (1995, p. 204) faz referência ao branco: "No que concerne à separação de grupos de palavras, o que chamamos 'pontuação', E. O. Wingo contou, num conjunto de vestígios da época clássica, uns vinte sinais diferentes para desempenharem esse papel: ponto, traço, folha de hera... o branco também (1972)".

A tipografia, a máquina de escrever e as mídias digitais promoveram outras rupturas nesse mundo, aparentemente incólume, da escrita alfabética que nasce com os gregos (Havelock, 1996), atravessa a cultura latina e chega a estes dias como uma extraordinária herança cultural. Por essas razões, para dedicar um olhar não muito convencional às características do sistema alfabético e do ensino da linguagem escrita no século XXI, pretendo debater as funções e a importância do intervalo e do espaço-branco no processo de alfabetização das crianças pequenas, e a apropriação desses espaços brancos e de seu estatuto como signos ou como caracteres constituintes do enunciado. No lugar de se apropriar exclusivamente das correspondências próprias do sistema alfabético, isto é, da relativa e imprecisa codificação fonema-letra, a criança talvez se aproprie dos enunciados escritos, de seus sentidos híbridos, de seus sinais, de seus caracteres híbridos, entre os quais ganham valor os intervalos, os espaços, o espaço-branco com suas funções.

O suporte, a tela, os espaços, os intervalos

A tela branca do *Word* em que escrevo neste momento recebe caracteres negros. Por essa razão, os espaços são brancos, como serão também brancos se o texto for impresso na superfície branca do papel. Christin (2009) considera o branco como uma matéria mental que escapa ao real. Ao ensaiar conceituar esse espaço nas artes e na linguagem escrita, recorre à poética de Mallarmé, considerado por essa autora o poeta que criou a *poétique du blanc*. Para entender o espaço como um vazio ou um pleno, Christin (2009, p. 8, grifos da autora) analisa esse estranho estatuto do branco:

> Entretanto, que se tenda a interpretá-lo de uma maneira ou de outra, o 'branco' é sempre *simultaneamente vazio e cheio a seu modo*, sinal primeiro de um invisível, até certo ponto inconcebível e denso, que pode ser percebido como uma ausência, mas também como uma doação de luz total e imediata, espetáculo repentino absoluto de todos os possíveis e realizáveis. Tal é o enigma.

Vazio de que e cheio de que são as perguntas que me faço e a que tento responder. Entendo que a superfície dos suportes em que a escrita se inscreve não é um espaço vazio ou inexistente, mas uma superfície cheia de espaços que se tornam muito mais visíveis pela inscrição do traço que os delimita e os configura. O espaço aparentemente invisível se torna visível por meio de marcas que criam outros signos, novos sentidos, outras funções. A tela do computador, modulada pela moldura do *software*, revela ostensivamente a plenitude desse espaço a ser redesenhado. A página A4 utilizada por uma criança na escola é também a sua tela. A página de cadernos escolares, delimitada por linhas contínuas, de acordo com a tradição brasileira, destrói a amplitude da tela por reduzi-la a espaços paralelos. As páginas de um caderno conforme a tradição francesa são também submetidas à destruição da liberdade do branco, porque ele está encarcerado em pequenos quadrados ou retângulos, cujas bordas devem servir como apoio para o traço manuscrito de dedos indecisos das crianças, que neles inscrevem caracteres de formatos rigidamente padronizados. Os intervalos estão ali previamente dados com a intenção de orientar o traçado da ponta do lápis ou da caneta.

Christin (2009) afirma que, para Mallarmé (1842-1898) e para Wittgenstein (1889-1951), o branco existe e resiste à medida que, indissociável de uma palavra ou de um conceito, torna-se visível. Ao usar *intervalo* e espaço-branco para refletir a respeito da linguagem escrita, entro no universo dos pesquisadores que olham para eles como uma unidade visível, obviamente não audível, inscrita em suportes materiais ou virtuais. Entre esses investigadores se situa Christin (2009), para quem os gregos, quando incluíram as vogais no sistema consonantal, organizaram um sistema linguístico sobre uma estrutura visual existente, isto é, o inscreveram no âmbito da consciência e das estruturas da visibilidade, que, por conseguinte, daria origem a um sistema não exclusivamente alfabético, mas híbrido. A inscrição desse novo sistema, pretensamente de exclusividade alfabética, exigiria um fundo, um suporte, uma tela, para que a sua arquitetura fosse construída. O impacto causado na mente humana pela criação da escrita desencadeou, como entende Christin (2009, p. 10), outro modo de pensar: "De todas as invenções humanas, com efeito, a escrita é de onde a interrogação visual de uma superfície tem conduzido a resultados os mais prodigiosos: a criação de um sistema de signos que não serve apenas de suporte à comunicação, mas a um modo novo de pensar".

Tomando como referência a natureza híbrida do sistema linguístico greco-latino, Christin (2009) entende que não há uma consciência fonológica *a priori* na mente humana, mas uma consciência de observação de sinais em espaços e em suportes. Compreendo, por essa razão, que o suporte se amalgama aos signos nele inscritos e, juntos, compõem o todo do enunciado. A criação da escrita puramente alfabética viria romper esse conjunto ao desconsiderar o suporte como parte constituinte da linguagem visível por destacar apenas o registro sonoro. Entretanto, considero que o espaço não é relegado ao *nada* nesse universo da linguagem. Recriado, multiplica-se em outras funções, tanto para dar sentido às palavras como para categorizá-las ou para exercer funções na organização dos enunciados:

> [...] porque o intervalo é toda outra coisa que não uma figura, uma palavra, uma letra. Se ele pode ocupar um mesmo espaço, ele tem outra

função, aquela de estabelecer entre os elementos de uma imagem os efeitos de vizinhança que farão eles se interrogarem, um por intermédio do outro (Christin, 2009, p. 58).

O espaço não é, portanto, um vazio na linguagem escrita. Entre suas funções está a de provocar perguntas e choques entre os elementos de sua formação, de letras contra letras, de palavras contra palavras, de enunciados contra enunciados. O intervalo silenciosamente desafia o homem que escreve e suscita perguntas à criança que se mete na alfabetização para aprender os atos de ler e os de escrever.

Outros autores aqui citados, como Desbordes (1995; 1996), situam-se na mesma esfera das minhas preocupações, ou seja, na da linguagem escrita como manifestação de enunciados que ganham relativa independência em relação à oralidade, tema igualmente abordado, por outro ângulo, por Ferreiro (2013, p. 28-29, grifos meus), que faz também estas observações sobre o caráter híbrido da escrita aqui defendido: "[...] nenhuma escrita deixa ao acaso a disposição das marcas na superfície escrita. Sucessão, ordem, regras de composição, *espaços cheios e espaços vazios*". A autora insiste nessa argumentação ao afirmar categoricamente que "nenhum dos sistemas de escrita original é 'puro'".

Christin (2009) cita comentários de Cícero sobre a língua latina (*apud* Desbordes, 1995) com a intenção de defender o ponto de vista de que, com o advento da escrita alfabética, não ocorreu um possível desligamento entre a linguagem e seu suporte, como supostamente se poderia pensar. Antes, os suportes — a pedra, a argila e a sua forma — já indicavam as funções e os sentidos da inscrição. As lápides, os vasos de cerâmica, as paredes das tumbas assumiam, com os seus sinais e espaços, a construção dos sentidos, uma vez que a ação do leitor era interrogar todos esses elementos. Entretanto, o alfabeto greco-latino, ao representar aparentemente apenas o aspecto sonoro da língua oral, despreza as funções dos espaços e dos suportes como participantes de um conjunto de sentidos, de uma construção visual. Com a função predominante de representação sonora, a letra latina seria:

> [...] uma entidade fixa e fechada, depositária de um som preciso e próprio a uma língua dada. Ela não guarda ligação funcional com seu suporte; ela está submetida a uma lei espacial imperativa, aquela do alinhamento: não é por sua adição, com efeito, que as letras podem tornar acessíveis, ao leitor de um texto, as palavras aparentemente reproduzidas. A letra do alfabeto não é mais da ordem do signo, mas da do traço (Christin, 2009, p. 36).

Apesar de exercer uma função na escrita alfabética, na qual o espaço não teria aparentemente nada a fazer, a letra, sendo da ordem das figuras, conservou seus caracteres ideográficos, do mesmo modo que o próprio sistema alfabético não abandonou as funções que o espaço e o suporte, seus companheiros fiéis, desempenham na construção dos enunciados. A escrita alfabética

> [...] nasceu de um estado visual da escrita que a precedia. O alfabeto grego reproduziu uma estrutura gráfica preexistente, a dos fenícios — estrutura em que ela [a letra] fazia o suporte participar normalmente de sua leitura — para ali inscrever somente o esquema fonético mais ou menos adaptado a sua língua, que podia ali encontrar seu lugar. De uma natureza assim híbrida dificilmente poderia se elaborar a hipótese segundo a qual seria identificável em nosso cérebro uma 'consciência fonológica', hipótese que serve de base à maioria das pesquisas atuais sobre iletrismo (Christin, 2009, p. 10-11).

As constatações de que a escrita humana evoluiu de sistemas visuais para o sistema de escrita alfabética, segundo Christin (2009), podem indicar que não haveria razão para que alguns pesquisadores insistissem na necessidade de desenvolvimento de consciência fonológica como ação necessária para reger a aprendizagem da linguagem escrita e atribuir à ausência da consciência fonológica as condutas próximas ao analfabetismo. Creio ser possível contrapor o argumento de que a escrita ocidental não é apenas da ordem do traço ou da letra representativa de uma entidade sonora, mas também da ordem de um sistema híbrido, em que os caracteres, entre os quais a figura da letra, os espaços-brancos, os intervalos e os suportes, desempenham importantes papéis. Eles não reproduzem sons: são caracteres portadores de sentido; criam interrogações no reino do silêncio.

Por outro modo de olhar, Christin (2009) enfatiza a ideia de que o homem porta, desde sua origem, *la pensée de l'écran* (o pensamento de tela), nunca por ele abandonado, mesmo com a criação da escrita alfabética concebida como transcrição da oralidade. Essa criação não fez o homem abandonar sua consciência histórica e cultural, seu *pensamento de tela*, para substituí-la por outra, pela consciência fonológica: de fato, o homem a recriou para fazê-la híbrida.

Por essa razão, os sinais marcados na superfície do suporte e o seu reverso, isto é, os sinais aparentemente não marcados — como o espaço-branco entre palavras e os intervalos — respondem a essa consciência do visível, da tradição da visibilidade, do suporte integrado ao enunciado, como o fundo escuro do céu se integrava e se integra ao conjunto dos astros em movimento. Para Christin (2009, p. 15), "[...] o pensamento da tela precedeu a invenção do simbolismo gráfico desde que ele o tornou possível, mas dele se diferencia também profundamente, na medida em que suas categorias são totalmente estranhas à linguagem verbal".

A inscrição de sinais em suportes é apenas um traço, como fazem as crianças com a pressão dos dedos sobre a ponta do lápis no papel ou sobre as teclas do computador; é um ato que cria espaços-brancos, ou intervalos, antes invisíveis. O nascimento dos espaços-brancos entre palavras ou grandes intervalos nas superfícies dos suportes não é ato residual da inscrição do traço; é ato conceitual, intencional. Os espaços--brancos e os intervalos são marcas cheias, constitutivas do enunciado;

são espaços entre letras, períodos, palavras, engendrados para situar melhor as marcas na superfície de um envelope, nas páginas de um jornal impresso ou eletrônico ou nos anúncios publicitários.

O espaço-branco entre letras e palavras, e os intervalos mais amplos, ao serem criados pelo traço ou pelo caractere, passam a desempenhar seu papel conceitual na construção desses enunciados, mas esse papel somente ganha mesmo função se a linguagem escrita for compreendida como híbrida — ideográfica, ortográfica, alfabética. O enunciado seria, deste modo, organizado sob o princípio da visibilidade, de *la pensée de l'écran*, em vez de ser dirigido predominantemente pelo princípio alfabético, que remeteria a linguagem escrita para fora dela mesma, em direção à língua oral. Se ela continuar a se submeter integralmente aos elementos orais, sofrerá os efeitos da negligência do homem quanto à importância dos suportes e o esquecimento de seu pertencimento ao mundo do visível.

Os assessores de Carlos Magno, 500 anos antes da era Gutenberg, ao reelaborarem a formatação da letra manuscrita com a intenção de conceder ao texto e ao leitor melhores condições de legibilidade, fizeram uma incursão histórica em direção ao passado, às práticas ideográficas da escrita pré-alfabética, para reencontrar os espaços sufocados e eliminados pela escrita alfabética, desvinculada de seus suportes, e, por conseguinte, desprovida de espaços potencialmente criativos e potencialmente significativos, com o estatuto de signo e de caractere. A revolução do período carolíngio, ainda no período da escrita à mão, vai se encontrar com a revolução dos tipos móveis, séculos depois, com a variedade de tipos de letras criadas pelos tipógrafos (Saenger, 2002; Eisenstein, 1998). O discurso inscrito se rende também a esses profissionais que vão renovar o conceito de intervalo e de espaço-branco, cuja dimensão, quase incontrolável, explode nos séculos XX e XXI nas telas de computadores, *tablets* e celulares.

Ao analisar as relações entre escrita e tipografia, Souchier (2006) destaca a natureza visual da escrita, consagrada pelo advento da tipografia, de tipógrafos e de editores, uma vez que "[...] o desenho, o grafismo — ou sua versão técnica, o tipo-grafismo — tem como função primeira a de permitir que o texto seja visto, seja perceptível, qualquer que seja o sistema de escrita utilizado: alfabético, ideográfico, pictográfico, misto" (Souchier, 2006, p. 68).

Concebida também como sistema de natureza visual, "[...] a escrita permite ver o que o ouvido não sabe ouvir" (Souchier, 2006, p. 68) e, pela sua constituição histórica, a escrita dita alfabética portaria uma dualidade por ser linguística e icônica ao mesmo tempo. É interessante a comparação que Souchier faz entre tipografia, carro, escrita e carroça. Para ele, "[...] a tipografia está para a escrita como o carro está para a carroça; um substituto técnico que não muda a função primeira do meio (a comunicação ou a locomoção), mas transforma as condições de seu uso e de sua recepção social" (Souchier, 2006, p. 69).

De fato, a tipografia, em suas antigas máquinas ou acoplada aos computadores atuais, não veio para destruir as leis da linguagem escrita, mas também não as deixou em paz: fez ressuscitar dessa escrita os aspectos visuais, isto é, os carateres, os intervalos, os espaços-brancos, os suportes e as superfícies, tudo muito integrado para a construção geral dos sentidos dos enunciados. Tanto para compor a página quanto para ler o que ela exibe aos olhos do leitor, é preciso considerar os espaços, tanto os que compõem a forma do tipo de letra quanto os que se fundem para assegurar a função da palavra em sua composição tipográfica e criadora de sentido.

De outro ponto de vista, como já asseverei anteriormente, os intervalos entre letras conjugados aos traçados, tanto manuais quanto tipográficos, compõem um conjunto não estável, uma vez que há maiúsculas e minúsculas, formas e tipos diversos, conforme o uso do traçado manuscrito ainda largamente difundido segundo a cultura de cada país. Esse conjunto de caracteres e intervalos será sempre reconhecido não só por ser graficamente o mesmo, mas também pela relação que mantém com os outros conjuntos, com os outros caracteres, na composição de palavras e de enunciados. Um caractere é percebido pelos olhos em razão da função que exerce na palavra, já que o traço manuscrito não é confiável, porque depende dos movimentos admitidos como corretos por olhares culturalmente construídos.

Colocado como um dos núcleos fundamentais do processo inicial, o traçado da letra obedece aos traços industrializados e previamente demarcados na página de um caderno. A letra é considerada uma arquitetura de relações entre traços fixos e traços em criação, sob rígidas normas de movimento dos dedos, de aproximação ou de recuo entre os traços prévios e os ainda em construção.

Os espaços-brancos criados pelo traçado cursivo das letras de um enunciado copiado são quase padronizados, obedientes aos traços previamente fixados pela indústria de cadernos que atende à demanda cultural da escola. Como nos cadernos brasileiros, compostos por linhas paralelas, com espaços mais largos, sem limitações verticais, esse modelo de suporte traz, consigo mesmo, uma concepção a respeito do que é nuclear no processo de alfabetização, ou seja, a importância do traço endereçado a ele mesmo, em vez de conceder a liberdade a quem escreve para a elaboração dos intervalos e do espaço-branco como unidades constitutivas do enunciado.

Neste tipo de ensino, a letra não recupera, na intenção de quem a traça e na de quem a ensina, sua face e natureza icônicas. Os espaços entre um alinhamento e outro, visíveis no caderno, obedecem a um comando que desconsidera as funções do espaço como construtor do enunciado, porque lhe atribui uma função estritamente escolar, ou seja, a de permitir que a professora faça a correção dos erros ortográficos da cópia, logo abaixo de cada palavra.

Encarcerado entre linhas, o espaço distancia-se ainda mais de suas funções históricas ou tipográficas. Presta-se a uma ação estritamente de avaliação escolar. A ação de solicitar a cópia para posterior correção indica intenção contraditória: a de que a linguagem escrita não seria mesmo um sistema puro de representação grafema-fonema, já que a criança teria de respeitar a natureza visual da palavra, isto é, a ortografia seria determinada pela convenção, mas, ao mesmo tempo — e aqui entra o elemento contraditório — teria de representar os sons da oralidade.

O desejo de romper com a aparente natureza alfabética da escrita levou Mallarmé, conforme entende Christin (2009, p. 144-145), a criar, em 1898, com um olhar tipográfico e, portanto, visual, o seu poema "Un coup de dés jamais n'abolira le hasard". Para ela, "[...] leva-se a constatar que a novidade mais flagrante e magistral que se deve a essa edição, que reside na importância quase monstruosa que Mallarmé reservou ali para o branco, permaneceu invisível aos olhos de todos seus comentadores até nossos dias".

Verdadeiramente, o poema de Mallarmé fez suas provocações que se estenderam desde o final do século XIX até os dias que correm. Destacado como grande ícone pelos poetas concretos brasileiros no início da segunda metade do século XX, o "Coup de dés" serviu como âncora para a criação de poemas que lidavam com a fusão entre espaços da página e movimentos de palavras endereçadas mais aos olhos que aos ouvidos: as palavras recuperaram o estatuto de ícones. O sistema alfabético de escrita foi abalado pela criação de Mallarmé, segundo Christin (2009, p. 154-155), por ter se inspirado e incitado pelas criações poéticas da escrita ideográfica japonesa, no final do século XIX:

> Mallarmé nos mostra assim da melhor maneira que o ato de leitura não se resolve, como a escrita alfabética nos tinha deixado supor, em tentar reconstituir um discurso em que a voz estaria perdida, mas em se aventurar em um texto com os meios visuais que lhe são próprios — simultaneidade espacial, figuras gráficas [...].

Essa troca de informações culturais entre os mundos e as línguas orientais e ocidentais permitiu a Mallarmé, segundo Christin, fazer ensaios em direção a uma nova poesia, a uma nova maneira de inscrição em suportes para uma língua tida como predominantemente alfabética. Ele foi o "[...] primeiro a ter utilizado os recursos do espaço tipográfico como uma verdadeira 'língua escrita', abrindo assim à leitura ocidental as possibilidades que a ela permaneciam até então inacessíveis" (Christin, 2009, p. 157).

A criação de Mallarmé fundiria múltiplos elementos vivos da cultura, entre eles a escrita considerada alfabética — insuficiente para dar conta de suas criações —, os suportes físicos, a formatação das páginas e os meios tipográficos da época. Seduzido pela escrita oriental, parece recuperar o caráter híbrido da escrita greco-latina e o remete para a consciência visual do homem, para o pensamento de tela nunca perdido, apenas aparentemente sufocado pela escrita alfabética. Os espaços-brancos, cheios de sentido em seus suportes, renasceram para se fortalecerem, no final do século XX, com as mídias digitais, que, em vez de soterrarem a escrita, reativaram suas unidades constitutivas, historicamente embaçadas:

> A aparição da multimídia não condena a escrita: ao contrário, ela retoma a história em seu início, reativando suas origens icônicas, suas condições iniciais de legibilidade, obrigando-nos a examiná-la novamente, mas para melhor levar em conta sua diversidade histórica e avaliá-la de maneira mais livre e mais crítica (Christin, 2009, p. 191-192).

A legibilidade da escrita, aparentemente perdida ou sufocada, recuperada agora pela arte e pelas mídias digitais, passa a ser considerada como dado importante para o processo de aprender a ler e de aprender a escrever, ou mesmo como constitutiva do ato de escrever e de ler. A respeito dessas duas ações, que se dão na linguagem escrita, e que ganham vida ao enfrentar os enunciados, Souchier (2006, p. 84) afirma que o usuário das mídias digitais adquire, por força das circunstâncias,

> [...] uma consciência visual de seus escritos e de sua materialidade. O efeito é paradoxal naquilo que permite uma tomada de consciência da

imagem do texto, e libera um conjunto de tarefas, enquanto, no mesmo movimento, ele [o usuário] assume uma parte da elaboração textual, por sua elaboração "architextual", e a alia a uma parte não negligenciável do espaço de escrita.

Diferentemente do enunciador limitado às letras que compunham os enunciados, sem nenhuma consideração pelos suportes e pelos espaços, o enunciador dos tempos atuais percebe a fusão, tanto para escrever quanto para ler, entre suportes, imagem textual, disposição de caracteres, funções e, sobretudo, redescobre os intervalos. Como aponta Souchier (2006), a letra, retirada de sua fluidez cursiva, adquiriu o estatuto de ideograma graças à tipografia. Antes, ainda no mundo do manuscrito, o espaço entre palavras já iniciava seu percurso vitorioso. Fischer (2006, p. 148) afirma: "[...] Toda inovação ortográfica fundamental desde a era carolíngia foi direcionada à organização visual dos alfabetos latinos e grego (derivado), libertando cada vez mais o texto da fala. Mas, a partir do século X, foi a separação das palavras, acima de tudo, que concedeu aos olhos a primazia da leitura".

O percurso do intervalo, curiosamente, será dado pela própria criação do enunciado oral que aparentemente não o vê por lhe entender invisível de um lado e completamente emudecido de outro, já que ele não representa fonema algum, nem mesmo representa o silêncio ou a suposta ausência da sonoridade entre palavras nos enunciados orais.

A respeito da transformação de objetos em signos, é necessário recorrer a Souchier (2012, p. 97) quando se reporta e faz reparos ao pensamento de Barthes. Destaca que os objetos nos são apresentados como úteis e funcionais, e que essa função daria suporte aos sentidos, isto é, "[...] a função dá nascimento ao signo, mas esse signo é reconvertido ao espetáculo de uma função". Souchier, entretanto, afirma que Barthes não elucida que "a função signo" do objeto é necessariamente esclarecida pela língua e, de maneira privilegiada, pelos termos que a definem ou a acompanham. Assim, "os objetos se 'banham' na língua" (Souchier, 2012, p. 97). Quero, desse modo, entender que os intervalos recriados pelo enunciado se projetam não apenas como superfície-objeto de inscrição, mas também como signo que se volta para a própria formação desse enunciado. A criança pequena, diante da tela ou do papel A4, ao grafar, torna visíveis os espaços-brancos, cria funções para esses intervalos; apropria-se da linguagem escrita sem abandonar o milenar pensamento de tela.

Considerada não exclusivamente alfabética, a linguagem escrita ocidental em sua manifestação enunciativa requer, para sua inscrição nos suportes, a composição de relações entre caracteres, signos verbais e signos outros, como os intervalos. Há, por essa razão, a criação, por quem escreve, de uma imagem de texto e, para quem lê, a leitura de imagens. Aprender a escrever e aprender a ler nessa perspectiva não seriam atos subordinados às relações fonográficas do sistema linguístico. Aprender esses atos requer a aprendizagem de caracteres e signos constitutivos do texto, entre os quais se projetam os intervalos e seus sentidos, sem negar o pensamento de tela inscrito no atavismo humano.

Souchier (2006, p. 82) considera que:

> [...] se a abordagem da aprendizagem da leitura-escrita — atividade conjunta que se denominava *lettrüre* na época medieval —; se essas atividades são consideradas como fundamentais em nossa sociedade, isso caminha em direção ao que seria a aprendizagem da escrita industrializada, dito de outra maneira, da "imagem do texto" que forma o nosso universo cotidiano.

O ato de ler e o de escrever ganham, por isso, maior dimensão, porque é preciso aprender a reconstruir signos de um ponto de vista visual, entre eles os intervalos, os espaços-brancos, necessários para a composição da imagem textual. A própria letra, assumindo um novo estatuto, o de caractere tipográfico, insere-se silenciosamente no espaço branco para criar os intervalos, para compor um texto, sem submeter sua existência e suas funções ao fonema no universo de uma cultura não mais sonora, mas tipográfica, uma vez que, como afirma Souchier (2006, p. 87), "a cultura tipográfica nasce do silêncio" e a "letra porta ela mesma um poder significante que convém ser definido". A organização do texto em seu suporte tem o objetivo de endereçar seus sentidos para os olhos do leitor, e seu criador lida também com essas referências visuais no universo silencioso da criação verbal. Uma criança, cujo murmúrio também é um instrumento de construção de pensamento (Smolka, 1993), pode decidir em um teclado quais letras inserir na tela, sem que sofra, forçosamente, a pressão do traço, já que, como entende Souchier (2006, p. 91-92), o fato de:

> [...] a tipografia ter retirado "a letra de sua fluidez cursiva para dar-lhe um estatuto independente" permitiu a ela adquirir um estatuto de ilustração ou de ideograma. A exemplo dos hieróglifos egípcios, ela pode, no seio da mesma página, segundo o uso que se faz, relevar o alfabético, o ideográfico ou a ilustração. Neste sentido, pode-se legitimamente falar de uma "escritura tipográfica". Assim, poder-se-á dar a essa arte, que revela o texto industrial e que o faz existir, toda sua dimensão expressiva e significante.

A "escritura tipográfica" de Souchier restitui à letra sua face ideográfica, aparentemente aniquilada pela imposição da escrita alfabética a que foi submetida, mas, sobretudo, pelo império do traço voltado para ele mesmo, sem guardar consideração ao suporte e ao espaço-branco. Os poetas concretos brasileiros na literatura, o mundo da publicidade e o da mídia impressa e digital conseguiram recuperar os elos perdidos entre os traçados e seus suportes para conceder à escrita esse estatuto independente de que fala Souchier. Entretanto, os primeiros atos de uma criança na escola o desprezam, porque o movimento cursivo registrado pelo enlace entre três dedos a faz distanciar-se da natureza tipográfica da escrita, do estatuto da letra como caractere, e, ao ignorar suas funções, mantém a invisibilidade de todos os intervalos na página-tela.

Com o espaço-branco, a letra também pode compor um silêncio, o signo pode ser visto e os sentidos podem ser construídos. Tanto os movimentos dos dedos para a composição do traçado cursivo, quanto o toque das pontas dos dedos sobre os teclados são atos culturais criados pelo homem em suas relações com as criações tecnológicas, e, por essa razão, permanecem como atos que representam uma época e seus instrumentos, ou como atos predominantes em determinadas esferas da vida social. A máquina de escrever, criada no século XIX, na esteira da tipografia, não marginalizou, nas relações humanas, os atos relacionados à escrita cursiva, mas os teclados dos dispositivos digitais os limitaram a curtos gestos, em situações de registros rápidos de dados, em um mundo que se reaproxima do silêncio da tipografia, já que "[...] a tipografia parece ter feito um pacto secreto com o texto escrito que lhe dá existência. Mas, se, nesse movimento, a parte icônica da letra se nega a si mesma, é por melhor reinar sobre o silêncio da página. Assim, os servidores tornam-se muitas vezes os mestres" (Souchier, 2006, p. 92).

Da total entrega ao domínio do fonema, a letra parece marchar em direção ao estatuto de caractere, cujo renascimento foi promovido pela velha tipografia e atualmente pelos computadores, por suas impressoras e pelos celulares. Os caracteres se juntam aos intervalos e aos espaços-brancos para reinarem, por meio de enunciados, sobre o silêncio no universo pleno de espaço aparentemente vazio.

A linguagem escrita parece afastar-se do controle próprio dos princípios do sistema alfabético e, por isso, os espaços passam a recuperar suas importantes funções nos enunciados concretos em gêneros híbridos. Os espaços-brancos entre letras e palavras não se submetem aos intervalos sonoros da oralidade; têm vida própria e são eles os indicadores visuais responsáveis que orientam a criança na elaboração do conceito de palavra, ainda rarefeito e impreciso na oralidade, do mesmo modo que são eles os responsáveis por indicar os limites e as imprecisões das relações fonêmicas e grafêmicas.

Os espaços-brancos somente podem ser apropriados pela criança juntamente com a própria apreensão dos enunciados que lhes concedem existência, porque fora desses enunciados eles não teriam nenhuma função a exercer. A ação de ensinar crianças a escrever e ler elementos isolados, como letras, sílabas ou palavras, impede a apropriação do espaço-branco e de suas funções, exatamente porque os anula. Creio ser necessário repensar esta atitude metodológica, porque a criança do século XXI parece não se apropriar de elementos de uma escrita alfabética, mas de unidades de uma linguagem escrita historicamente hibridizada, cujo ponto de referência é *la pensée de l'écran*.

Este pensamento de tela solicita o aprofundamento das relações entre os suportes, em que são inscritas as marcas gráficas, o sentido dos enunciados ali expostos e as escolhas feitas conforme as intenções de quem inscreve as marcas. Os suportes sempre tiveram a configuração de tela, mas somente assim foram considerados quando recebiam imagens. Ora, a linguagem escrita também é imagem. Por essa razão, o capítulo seguinte será dedicado à análise dessas relações e à importância de sua introdução na alfabetização.

Relações entre suportes e enunciados

Neste capítulo, tenho a intenção de pôr em cena discussões sobre uma unidade de significado entre as que já foram anunciadas nos precedentes — o suporte. O resultado do ato de escrever e do ato de ler do homem é composto por um todo — figuras gráficas inscritas por partes do corpo (dedos, olhos, cotovelos, cabeça etc.) que movimentam instrumentos para inscrição em um suporte. Normalmente, as análises se dirigem para o sujeito (a criança que aprende) ou para a coisa (a língua ou a linguagem escrita). É negligenciado o todo formado pelo homem e pela coisa — os enunciados, os instrumentos e os suportes.

A escrita repousa em um suporte escolhido pelo homem conforme suas intenções de circulação e de perenidade. Ele faz escolhas de acordo com a situação do cotidiano da vida. Escolhe o gênero, o léxico, as construções, os instrumentos, os suportes e os locais de exposição desse conjunto. A escola, entretanto, afastada dos fatos da vida por ter se tornado uma instituição com leis próprias, toma costumeiramente a conduta de padronizar conhecimentos e atos humanos para, em seguida, reduzi-los e ensiná-los.

Conforme a situação, a escola foge da diversidade e escolhe um padrão único: um único instrumento, o lápis ou a caneta, e um único suporte, o papel organizado em cadernos. Esses dois objetos não se tornam unidades do todo porque não importam nem a intenção de quem escreve, nem o destino dos escritos. O suporte não alcança, por essa razão, o conceito de unidade do todo, nem participa da construção dos sentidos. Não tenho a intenção de esmiuçar esse desacerto escolar neste momento, mas apenas a de expor os conjuntos formados por enunciados e seus suportes colhidos em alguns lugares públicos para comentar a fusão das unidades para compor os sentidos, sem que sejam anuladas suas identidades, com destaque para a função do suporte na composição do conjunto de que a escrita faz parte. Nos cantos de minha visão, está o desejo de que a escola perceba o papel dos suportes e a sua necessária diversificação para atender às escolhas das crianças quando escrevem e leem.

Algumas das incursões por mim feitas por salas de aula de crianças em processo de alfabetização me trouxeram inquietantes perguntas sobre o núcleo do objeto a ser ensinado. Esse tema, abordado nos capítulos iniciais deste livro, pode ser visto por olhares múltiplos. Não alimento dúvidas de que, em vez de ensinar as unidades linguísticas pertencentes ao mundo da língua oral e suas correspondentes no mundo da língua escrita, a conduta que respeita mais a inteligência das crianças e a cultura escolar brasileira é a de oferecer a elas enunciados, isto é, as criações de linguagem escrita inscritas em suportes que circulam em esferas sociais nas quais são lidas e modificadas.

Esse encontro entre enunciados e seus suportes não tem merecido destaque na proposição de escrita e leitura para as crianças pequenas, porque o suporte não foi ainda considerado pela cultura da alfabetização como um material que recebe a escrita e com ela pode se fundir para criar sentidos e valores. Não se trata aqui de atribuir a ele a condição de produzir por si só um valor, mas considerar que quem inscreve um enunciado em um suporte faz dele um objeto com o qual cria sentidos e o coloca em uma rede de relações axiológicas.

Ninguém afirmaria que a entrada de suportes variados na escola poderia ser feita sem grandes esforços, entretanto, boas professoras já levam em suas sacolas muito mais enunciados em suportes originais do que suas colegas das décadas de 1970 e 1980. Na formação inicial ou no próprio lugar de trabalho, receberam a influência do pensamento de Ferreiro e de Teberosky (1986), e de seus discípulos, que, pela primeira vez, introduziram na alfabetização brasileira o conceito de suporte, ainda que de maneira não muito incisiva. Quase ao mesmo tempo, vieram as contribuições nessa área das francesas Jolibert (1994) e Charmeux (1994).

Ao propor à escola que incorporasse em seu cotidiano a linguagem escrita criada nas relações sociais, o pensamento construtivista defendido por Ferreiro e Teberosky introduziu também a importância que poderia ser dada ao material que recebe as inscrições. Entretanto, obstáculos existentes na própria instituição escolar e a maneira de a escola operar metodologicamente não permitiram a circulação, em sua própria esfera, de enunciados inscritos em seus suportes originários. Inegavelmente, a sala de aula é uma esfera própria para trabalhos e enunciados escolares, mas ela resiste em se articular com o mundo fora dos muros. É possível romper algumas fronteiras se alguns passos forem dados, mesmo que indecisos.

Anuncio rapidamente uma situação vista de forma costumeira em escolas, apesar dos avanços das metodologias de alfabetização a respeito do valor do suporte: a de escrever nomes comuns em tiras e de colá-las em objetos existentes na sala de aula, como porta, lousa, parede, armário. Os alunos veem a palavra porta escrita em uma porta, lousa em lousa, parede em parede e armário em um armário. A palavra registrada se revela, deste ponto de vista, como uma etiqueta do objeto. Por esse mesmo critério, papel deveria ser escrito em papel, pedra em pedra, tela na tela, caneta em caneta. Entretanto, em papel, pedra, tela e caneta são inscritos outros enunciados, não os seus próprios nomes. Em uma porta lê-se a palavra cozinha; na pedra, borracharia; na tela, compre agora; na caneta, Vunesp. É inegável que muitos documentos escritos, considerados autênticos, já circulam pelas escolas, mas o conceito de que as palavras têm uma função mais ampla que a de simplesmente etiquetar objetos ou fotos exige maior aprofundamento.

Os alunos têm as condições de entender que a composição gráfica da palavra posta sobre o suporte não se refere ao nome dele, porque esse suporte desempenha uma função clara: a de garantir a circulação de enunciados escritos, de modo mais ou menos duradouro, conforme seja sua materialidade — um guardanapo usado em uma mesa de bar, uma placa de bronze, ou uma mídia volátil — e, por essa mesma razão, a de emprestar a esses enunciados valores de alta ou de baixa importância. Insistir em reconhecer o suporte como constituinte dos enunciados é um dos objetivos da minha análise, partilhado com o de reconhecer o ato de a criança se alfabetizar como um ato de apropriação dos enunciados, cujos sentidos e valores estão amalgamados aos seus suportes.

O percurso da exposição deverá abordar historicamente as inscrições e os sinais de escrita em suportes os mais estranhos e os mais diversos. Algumas inscrições serão analisadas com a intenção de desvelar o modo como os enunciados circulam. O objetivo é o de evidenciar o valor deles na sociedade, para que a alfabetização possa romper seus limites e ousar fundi-los às palavras e aos textos para a criação de sentidos.

Antes de chegar a elaborar seus sistemas de escrita, os homens, no Ocidente ou no Oriente, inscreviam sinais em superfícies as mais variadas, escolhidas de acordo com os objetivos do sujeito que os gravava. A pedra bruta ou a pedra burilada, o granito ou o mármore trouxeram até os dias de hoje algumas dessas marcas feitas mesmo para durar, para atravessar os séculos, para serem perenes, talvez eternas, mas a areia — a mesma pedra transformada em finos grãos — servia como suporte para os sinais de curta vida, com o apagamento quase imediato, porque era, e é, de circulação efêmera.

O valor atribuído às mensagens inscritas definia a escolha do suporte, mas todas elas eram construídas para serem apreendidas, pelo menos primeiramente, pelos olhos do interpretante. O suporte, a mensagem pictórica e o valor a eles atribuído pelo inscritor criavam sentidos, recriados em outro tempo e em outro espaço pelo observador. Inscrever figuras isoladamente ou inscrevê-las em uma cadeia pictórica eram ações que marcavam diferenças entre desenhar e escrever. Não deixa de ser provocadora a afirmação de Vialou (2012, p. 24) de que:

> A anterioridade do inscrito sobre o escrito não poderia ser concebida como uma gênese. Um não substitui o outro e nenhuma filiação manifesta se furta de uma análise comparativa. Mas parece claro que o escrito fincou raízes nos terrenos férteis resultantes da maturação cerebral e social do Sapiens originário, mais tarde geradora dos sistemas de representação gráfica. A relação entre inscrito e escrito é aquela de seus autores, os Sapiens. Isso depende da faculdade, que possuem todos os dois, de transmitir o sentido, conjuntamente codificado e simbolizado.

São frequentes as afirmações no seio dos estudos sobre a alfabetização de que os sistemas de escrita foram criados pelo homem como resultado de evoluções de marcas pictóricas, e, como bem afirma Vialou (2012), são duas manifestações humanas que intercambiaram informações sem abandonar suas características de representação gráfica e de criação de sentidos. Esse ponto de vista abala a convicção geral no mundo ocidental da escrita e abala também a visão restritiva, limitada, de que o sistema de escrita ocidental ocuparia um estágio avançado em relação aos sistemas orientais por estes terem se estagnado em um desses estágios evolutivos dos sistemas linguísticos. Não é minha intenção, neste momento, avançar na discussão sobre a evolução dos sistemas, mas não resisto à tentação de trazer a manifestação de Pinault (2012) sobre a evolução dos sistemas antigos indianos de escrita, o *brāhmi* e o *kharosthi*. Esse especialista coloca entre aspas a palavra progresso, com a intenção, quero crer, de atribuir a ela certa desconfiança, ao comparar a escrita silábica com a alfabética:

> O sistema indiano de escrita se deixa dificilmente classificar em uma tipologia habitual de escrituras fonéticas que distinguem rigorosamente silabário e alfabeto, este último sistema sendo considerado como um "progresso" em relação ao precedente. Poder-se-ia dizer que este sistema combina as vantagens de um silabário e de um alfabeto (Pinault, 2012, p. 115).

Essa observação pode ser aplicada em relação a todas as línguas de natureza predominantemente ideográfica, consideradas, por teóricos do Ocidente, como línguas pouco evoluídas. A história vai mostrar que não cabe nessa questão nenhum julgamento de valor. Ao empregar em seus escritos os sistemas *kanji*, *hiragana* e *katakana*, os japoneses impulsionam seu mundo digital. Nesse mundo, a norma utiliza apenas 6.335 sinais, dos 64.000 *kanji* existentes (Griolet, 2012, p. 146). O sistema *hiragana*, de base silábica, e o *katakana*, que serve a palavras vindas do Ocidente, enriquecem ainda mais a escrita, sem causar problemas, como assim julgam os ocidentais.

> Desde os anos 1970, a escrita japonesa subiu no veículo da informática, quando ela tinha mal vivido a era do telégrafo e da máquina de escrever: o traçado de milhares de sinais é memorizado nos processadores que os têm na palma da mão; os programas mais e mais sofisticados convertem os dados registrados foneticamente — a partir de um simples teclado alfanumérico — em cadeias de caracteres, com diferentes tipos de signos utilizados. As distâncias se manifestam desde o presente entre a inserção de sinais raros que permitem facilmente o registro informático e a rarefação da escrita manuscrita. A generalização do computador e o abandono da prática intensiva da escrita manuscrita farão com que se perca a memória ancestral da mão? (Griolet, 2012, p. 147-148).

Os processadores dão conta até mesmo dos traçados milenares, cuidadosamente ensinados por mestres a aprendizes, como os traços da caligrafia, também valorizada entre os ocidentais. As duas grafias, em seus próprios mundos culturais, sempre portaram valores e sentidos, mas a era do computador abalou muito mais a caligrafia da escrita alfabética, relegada hoje ao mundo da arte, do que a japonesa, de cuja direção, bem como acabamento do movimento, emana indicações de sentido. Mesmo assim, Griolet (2012) deixa no ar indagações sobre o futuro dessa tradição.

A história da escrita e a sua relação com seus suportes, desde as manifestações primeiras até a era digital, demonstram que a natureza humana olha para as marcas para vê-las e a elas atribuir sentido sem ter que, obrigatoriamente, submeter a atribuição de sentidos à cadeia sonora que pode ser retirada das escritas de natureza alfabética. Na França, nos anos 1980, a visão tipográfica de Richaudeau, segundo Renonciat (2012), apegava-se à ideia de visualização dos sentidos nos manuais escolares, fazendo coro ao movimento de tratar a leitura como ato ocular de atribuição de sentidos, como fazia e faz a escrita japonesa. Infelizmente, 40 anos depois, algumas vozes desse coro se foram, e outras já não têm mais lugar de onde poderiam ser ouvidas.

As inscrições e os enunciados sempre necessitaram de um suporte físico para circular, para serem vistos e interpretados. Entrou em cena para atender a essa necessidade a criação de suportes que satisfizessem o objetivo de quem escrevia. Os vegetais foram grande fonte de recursos, mas os objetos sólidos como a pedra, ou os que sobreviviam à deterioração dos corpos de animais, como os ossos, foram os primeiros a dar ao homem a possibilidade de lançar mais longe as sementes de sua cultura. Vandermeersch (2012b) encontra as primeiras manifestações da escrita nesses suportes de natureza perene, principalmente em omoplatas de animais e carapaças de tartaruga, utilizadas para cerimoniais de previsão do futuro, como os oráculos gregos e romanos na Antiguidade clássica. Inscrições oraculares chinesas criadas entre os séculos XIV e XI a.C. foram encontradas em uma carapaça. Eram, segundo Vandermeersch (2012b), escritas ideográficas, porque cada grafia representava uma unidade distinta no discurso no nível da primeira articulação, isto é, a dos sentidos, e, diferentemente dos grafismos neolíticos, eram signos articulados entre si, motivo pelo qual afirma se tratar de uma escrita. Entende esse estudioso que, por causa da relação da escrita com o processo de adivinhação oracular, a escrita chinesa é "filha da adivinhação" (Vandermeersch, 2012b, p. 99).

Há, entretanto, outro aspecto que merece ser observado em relação ao uso da carapaça como suporte. Vandermeersch (2012b, p. 98) faz alusão ao fato de que a tartaruga era "[...] considerada como um modelo reduzido do espaço-tempo cósmico", uma vez que a carapaça tinha forma hemisférica, como o céu em relação à Terra, e o corpo chato, plano, como a Terra em relação ao céu. Agrega-se a essas formas a natureza longeva da tartaruga no que concerne aos demais animais, sobretudo ao homem. O casco da tartaruga, mais que os ossos, incorporava o sentido da perenidade, da eternidade, como o registro importante de previsões dos oráculos revestidas de inegáveis sentidos axiológicos, porque vinham do sagrado e estavam sujeitas a confirmações no futuro. O sentido das mensagens e o seu valor fundiam-se com a escolha do suporte em que elas eram escritas, porque eram considerados, sobretudo, o tempo e as esferas sociais por onde a carapaça poderia fazer circular essas mensagens.

Outro aspecto pode ser relacionado à forma cósmica do material: o homem interpretava os sinais dos céus durante o dia e durante a noite para tomar decisões; olhava e via esses sinais como um fluxo articulado de indicações. O céu era uma tela com ícones por onde o homem olhava o mundo, do mesmo modo como olhava o lado côncavo da carapaça para ler a escrita ideográfica nascida das previsões dos oráculos. Esse suporte, mais do que todos os outros, representa a consciência gráfica do homem em sua relação com a escrita, uma consciência de tela, como afirma Christin (2009), em vez de uma consciência fonológica que seria exigida pela escrita alfabética. Como a escrita ocidental não é puramente alfabética, o homem recupera, na era digital, pelas telas, essa sua consciência ofuscada durante tempos. O casco da tartaruga pode corresponder à tela hemisférica tridimensional da Géode do Parque de la Villette em Paris em pleno século XXI, mas difere dela no quesito durabilidade, no valor das mensagens e nas esferas nas quais fazem circular seus enunciados. A síntese cósmica da tartaruga supera à da tela dos aparelhos digitais, mas perde no aspecto da multiplicidade de funções.

Suportes perenes e perecíveis

A natureza da inscrição, seu modo e seu tempo de circulação sugeriram a escolha diferenciada de suportes na Grécia antiga. Uma situação exemplar refere-se ao período do nascimento da democracia e à vigília exercida pelos cidadãos sobre os líderes que, de alguma forma, iniciavam uma escalada ao topo do poder. Para inibir o avanço de pessoas com excessiva influência, seis mil inscrições de um nome em um fragmento de cerâmica — o *ostrakon* —, em determinado dia do ano, conduziriam seu portador ao ostracismo, dentro ou fora de Atenas. Se o registro do voto se fizesse em cacos de cerâmica, o registro da sentença final, conforme o estatuto do julgado, deveria encontrar posteriormente o suporte adequado para garantir sua perenidade, porque a cerâmica recebia inscrições temporárias. As definitivas eram registradas em pedras ou em placas de bronze. Se alguns condenados ao ostracismo tinham seus nomes perpetuados, os dos heróis, por sua vez, também recebiam esse tratamento, porque as honras e os privilégios concedidos eram gravados em mármore e colocados à vista de todos no mercado público.

Decisões oficiais também eram gravadas em pedra e expostas nos santuários, especialmente em Delfos, porque havia grande circulação de pessoas (Dobias-Lalou, 2012). A escolha dos suportes — madeira, mármore ou bronze — incluía a atribuição de valor à inscrição. A escolha do local onde ela ficaria exposta seria decidida também pelo valor a ela atribuído. Depositar a pedra com a sentença de ostracismo, ou das honras aos heróis na Ágora em Atenas, ou ainda o depósito de uma oferenda em Delfos, garantia maior visibilidade e, ao mesmo tempo, a perenidade dos enunciados.

Inscrição, suporte e circulação das inscrições fundem-se pela intenção do inscritor, com o intuito de oferecer aos espectadores-leitores a possibilidade de recriar sentidos e valores. Nas ruínas do Teatro de Dionísio, em Atenas, podem ser vistas as inscrições em cadeiras de mármore, que indicavam para qual ocupante de importante função social eram elas reservadas. Diferentemente dos dias atuais, em que um pedaço de papel reserva o assento para um espetáculo, a inscrição na cadeira de mármore a céu aberto garantia a sua perenidade e ao mesmo tempo concedia destaque a seu ocupante, este sim, efêmero.

Além da perenidade, do valor e do modo de circular uma mensagem, pode-se ainda agregar outro aspecto, o estético, porque "[...] escrever não é somente fixar sobre um suporte uma mensagem transposta em sinais convencionais, mas também criar um objeto artístico. A inscrição era concebida em ligação estreita com seu suporte esculpido, pintado, batido ou ainda feito de outro modo" (Dobias-Lalou, 2012, p. 244). Havia também a integração da mensagem ao objeto que se manifestava no plano linguístico, situação conhecida como os objetos que falavam, notadamente em tumbas. As inscrições nas lápides, apesar de frias, sempre se dirigiram aos circulantes, de todas as épocas, como a citada por Dobias-Lalou (2012, p. 245): "[...] eu sou o monumento de Glaukos, filho de Léptines; os filhos de Brentés me consagraram".

Esses suportes perenes contrastam com os flexíveis e perecíveis envelopes que portavam os pães produzidos por uma padaria próxima da Porte d'Orléans, em Paris, em 2014, quando lá estive em período de pesquisa. Na tumba grega, o corpo enterrado tornava-se vivo a cada vez que um passante dava voz às inscrições. Havia uma fusão entre corpo, inscrição e suporte que, juntos, mantinham, com a ajuda do outro, a vida; a alma voltava a falar graças à conjunção desses três elementos. Em situação semelhante, pela inscrição do envelope do pão parisiense, o consumidor dirige-se aos outros consumidores que, ao lerem-na, dão vida ao pão. Na tumba grega, os ossos preservavam o corpo, e a crença preservava a alma, por isso o suporte perene era requisitado. No caso da padaria parisiense, a vida do pão e a do suporte eram bem curtas. Em pouco tempo o pão era devorado; não sobravam ossos, nem alma. O papel, na forma de envelope, seria amassado, destruído antes mesmo da destruição do pão. Por essa razão, o papel é flexível, e o envelope, efêmero. Na primeira inscrição dos envelopes da padaria, era um consumidor singular que se dirigia a todos os outros, ocupando o papel de porta-voz. Dois envelopes, duas inscrições trazem os dados aqui comentados.

1ª inscrição
La Festive. Eu tive um reencontro. É uma revelação... Trata-se de Festive, elaborada a partir de farinha Label Vermelha. O meu padeiro que me retraçou as origens e me certificou de que tudo foi feito para acariciar minhas papilas. Não fui o único a viver essa experiência. La Festive foi muitas vezes reconhecida como o sabor do ano. La Festive apresenta características gustativas excepcionais. [...]

Na segunda, o padeiro explica ao consumidor suas escolhas:

2ª inscrição
Para elaborar esta baguete Festival, eu queria uma farinha de qualidade composta a partir dos melhores trigos. Falei com meu Moulin Regional Festival que me propôs a Farinha Festival. As qualidades gustativas desta baguete resultam de uma fabricação tradicional com uma longa

fermentação (fabricação de amassado lento ou sobre *poolisch*). Isso permite um desenvolvimento dos aromas sutis e garantia de uma boa conservação.

Valor da inscrição, natureza perene ou perecível do suporte e modo de circulação estão imbricados de tal forma que, juntos, criam sentidos inesperados. O envelope circula por pouco tempo pelas mãos dos consumidores — entre a padaria e a chegada a casa — e por essa razão é um suporte altamente perecível, mas a inscrição não é única como a de uma tumba. Reproduzida aos milhares, circula todos os dias pelas mesmas mãos ou por mãos diferentes. Paradoxalmente, apesar de perecível e de efêmera vida diária, o papel no formato de envelope-suporte faz reviver todos os dias a inscrição de que é portador. Estes enunciados escritos, se circulassem sem o seu suporte, não teriam o mesmo sentido.

Outra situação que se relaciona a objetos que falam foi a flagrada por mim na Hungria. Em uma das ruas da colina onde se situa o castelo de Budapeste, em um domingo de inverno em fevereiro de 2014, um velho Trabant, remanescente dos tempos do regime comunista, estava ali estacionado. Como um bom mendigo, limpo e asseado, falava, como as lápides da Antiguidade, por meio de um pequeno texto digitado, em folha simples, de fundo branco, colado no vidro da porta do lado do carona. Em inglês se dirigia aos turistas que, movidos pelo pedido insólito e bem-humorado, não negavam a moeda solicitada, depositada em um improvisado envelope transparente também colado ao vidro. O pequeno pedido assim estava redigido:

"SUA DOAÇÃO SERÁ GASTA COM
MINHA MANUTENÇÃO. OBRIGADO."

Enquanto, na Grécia antiga, um homem morto se dirigia aos passantes para se apresentar, em Budapeste, na segunda década do século XXI, um carro moribundo se dirigia aos turistas para tentar sobreviver. Lá, na Grécia, a inscrição estava perpetuada em uma pedra e fala até hoje; em Budapeste, o carro falava temporariamente aos passantes por um enunciado em um pedaço de papel para tentar adiar a morte. Mais adiante volto a abordar esse esperto pedido. O modo como registro minhas observações a respeito desse enunciado e do cenário aporta já juízos de valor.

Há ainda, quando se considera o aspecto axiológico das inscrições e de seus suportes, razões para destacar a diferença entre um ato oficial e um não oficial. Em alguns períodos históricos, os enunciados escritos de origem legal exigiam os suportes perenes, enquanto os produzidos pelos cidadãos comuns usavam os perecíveis. No Império Romano, entretanto, nas ruínas de Pompeia, foram encontradas inscrições populares em suportes não perecíveis, como paredes e pedras (Briquel, 2012). Foram exceções em um mundo românico que usava os pergaminhos, rapidamente destruídos em Pompeia pelas cinzas vulcânicas. A escolha do suporte, como sempre, depende da natureza da inscrição, de seu valor, por onde vai circular e das intenções de seu autor.

Um pouco mais além da natureza perene ou efêmera, e da relação com o modo de circulação, não só do objeto físico, mas também das inscrições, descortinam-se outras relações do suporte com os sistemas de escrita e com o modo de escrever. Refiro-me diretamente aos modos de inscrição de escritas alfabéticas e das não alfabéticas que respeitam a natureza gráfica, de um lado, e de outro, os movimentos das mãos e os instrumentos por elas manipulados. As escritas orientais se relacionaram com seus suportes de modo diverso daquele que as escritas alfabéticas mantiveram e mantêm com os seus. Japão e Índia se tornaram claros exemplos desses usos. No Japão, no século XVIII (Griolet, 2012), papéis utilizados para escrever cartas eram escolhidos pelas mulheres para que pudessem harmonizar aromas, textura e cores da estação. Íntimas, as cartas-bilhetes eram levadas por meninos mensageiros, algumas vezes com enunciados sulcados apenas pelas pontas de pena sem tinta, para manter o sigilo. Escrita, suporte e modo de circulação envolviam enamorados em ambientes de sedução.

> Essas descrições sugerem que a escrita e seus suportes participam de uma arte de sedução: as mulheres escreviam algumas vezes suas mensagens sobre folhas de papel perfumadas que elas portavam permanentemente; a abertura de um bilhete podia constituir a primeira descoberta de intimidade do ser querido que se teria podido, no máximo, ver por detrás das persianas (Griolet, 2012, p. 142).

Poucos desses bilhetes sobreviveram até os dias de hoje, segundo Griolet (2012), por serem íntimos e privados. Acrescenta-se ainda que a natureza efêmera do escrito e de seu suporte pode ser explicada pelas características do papel, pelas inscrições feitas para desaparecer com o tempo, a fim de evitar comprometimentos pessoais de suas autoras, e pelas características de sua circulação, restrita a mensageiros às escondidas. Nesse caso, suporte, escrita e circulação são agregados a outros elementos, como perfume e sentimentos, para criar um profundo mundo de sentidos compartilhados, escritos em *hiragana*, sistema mais utilizado pelas mulheres, uma vez que os homens usavam, preferencialmente, o *katakana* (Griolet, 2012).

A cultura indiana registra uso de suportes variados, utilizados tanto para inscrições quanto para elaboração de manuscritos (Pinault, 2012). As pedras e os metais eram os materiais escolhidos para inscrições curtas, mas para os enunciados longos eram as folhas secas e as cascas de árvores os preferidos. De um lado, havia a intenção de perenizar, de outro, a de indicar a natureza efêmera da inscrição. Essa situação oscilante marcada pelo tempo acompanha a história da escrita em todas as civilizações. Na Índia, a umidade aniquilava os suportes vegetais rapidamente, exceto os armazenados em regiões mais áridas. De algum modo, isso revela também o valor dos manuscritos, ou da própria escrita, em uma região em que a riqueza cultural e a cultura religiosa budista eram transmitidas pela oralidade, muito mais segura nessa época, do que pelos frágeis suportes físicos. A gravação virtual criptografada nos computadores de hoje, de natureza imaterial, aproxima-se do registro virtual no cérebro daquela época. Na cultura budista, a palavra oral sempre foi julgada superior à palavra escrita, que era considerada própria para a esfera profana, porque não era possível confiar a ela os tesouros do saber e os da religião (Pinault, 2012).

Apesar dessa conduta cultural, no início da era cristã, o uso da escrita era permitido quando não punha em risco a transmissão cultural entre mestre e aprendiz. Esses escritos, organizados em livros, davam a estes um valor tão inestimável que, quando completamente deteriorados, eram enterrados como se fossem humanos. A relação entre escrita e suporte ultrapassa os contornos do efêmero e do perene ao se manifestar também no reino da legibilidade, da relação entre o sinal e o fundo que o acolhe. Havia, como sempre, o cultivo da cultura da tela, do fundo, que deixava ver claramente as marcas gravadas. Havia já o desenvolvimento da cultura da legibilidade, isto é, da escrita dirigida mais para os olhos, menos para os ouvidos. O uso da escrita, como escreve Pinault (2012, p. 125):

> [...] não perde jamais sua visão simples e prática: a legibilidade imediata. Para isso, os escribas tiram partido do contraste entre o desenho e o suporte, notadamente graças ao escurecimento da escrita sobre um fundo claro, eventualmente branco, de efeitos de paralelismo facilitados pelo desenho das letras e da regularidade da linha superior obtida pela sucessão impecável de "potences" (mātrā), barras ou colchetes constitutivos de todos os caracteres.

Esta relação entre o modo de escrever o sânscrito e o fundo dos suportes, com valor dado aos espaços, considerava os olhos como a melhor referência, porque a escrita devia "[...] ser 'fulgurante' ou 'afetar' os olhos" (Pinault, 2012, p. 125). Essa característica da escrita dirigida para a visão mantém, nos dias atuais, estreita ligação com seu suporte, enquanto a que toma como referência os ouvidos não a considera como fundamental. Vandermeersch (2012a) refere-se a um mestre da caligrafia chinesa que atribuía o fracasso dos grandes caracteres ao fato de serem muito fechados, destituídos do branco que compõe o fundo do suporte, enquanto os pequenos eram bem espaçados para acolher o fundo branco: "Os espaços brancos bem proporcionados produzem o que se chama a *respiração na caminhada* [os caracteres]. Em *cursiva*, e muitas vezes em *corrente*, os caracteres são ligados entre si" (Vandermeersch, 2012a, p. 97, grifos do autor).

O espaço branco em suportes perenes, como o mármore entre os gregos, possibilitava a organização da escrita para os olhos, como as relações de nomes de soldados mortos inscritos em colunas, analisados por Dobias-Lalou (2012). Este costume não permaneceu, entretanto, restrito à Antiguidade grega. A França, desde o século XIX, mas muito mais após a Primeira Guerra (1914-1918) e a Segunda Guerra (1939--1945), venera seus combatentes, tanto os que participaram das ações militares diretas, quanto os que formaram os corpos civis de resistência ao nazismo. Em cidades que cederam homens, há colunas construídas com material perene, com a relação nominal dos soldados ou de civis mortos em combate. Semelhantemente às inscrições de soldados gregos, as placas fixadas em paredes atribuem, pela escolha do suporte, um valor que se amalgama à inscrição e se torna porta-voz de uma pequena comunidade, sempre renovada, aos passantes de todos os tempos, vindos de todos os lugares.

O tópico apresentado a seguir incorpora enunciados, escolhidos por mim em minhas andanças, cuja análise tomará como referência o material do suporte, a sua natureza efêmera ou perene, o seu valor, a sua circulação e o impacto público que podem criar.

Entre o passado e o presente

A escultura de um guerreiro da Idade do Ferro exposta no Museu dos Nichos, em Viana do Castelo, no Alto Minho, em Portugal, porta, no próprio corpo, as seguintes inscrições: *A Clodamus Sestius, filho de Corocaudius. L(ucius) Sestio Corocondius, liberto de Lucius (irmão, amigo) camarada (mandou fazer).*

Sem idade definida, as inscrições foram gravadas em pedra, matéria em que fora esculpido um corpo humano, com indicações do autor da encomenda, em homenagem a um soldado morto e de suas relações parentais. Como os gregos que vieram depois desse povo, e os franceses do mundo contemporâneo, os antigos escolheram a pedra para inscrever a homenagem com o intuito de perenizá-la e lhe atribuir valor moral e patriótico. O corpo humano esculpido na pedra, apesar de imóvel, continua a distribuir suas inscrições aos visitantes do museu e a testemunhar os costumes de uma era que repercutiria nos costumes dos milênios seguintes.

Em outro cenário, as inscrições em português no início da formação de Portugal, em um monumento de pedra sobre uma ponte romana em Ponte de Lima, distribuem aos milhares de passantes, turistas ou não, as informações que, na origem, pretendiam ultrapassar os limites do século em que foram gravadas. A função, portanto, era a de dar valor a quem mandou erigir as torres que iniciam e concluem a travessia da ponte.

Ao pé do monumento, com brasão da realeza, outro suporte, em metal, traz a versão atual do texto esculpido, com a intenção de fazer entender aos passantes o registro em um português que teria sido, na época, considerado legível para sempre, uma vez que o homem, ao fazer registros, não considera o caráter evolutivo da língua, tanto a oral quanto a escrita. A versão registrada em aço, em caixa-alta, é a seguinte:

REINA O MUI NOBRE REI DOM PEDRO NA ERA DE MIL TREZENTOS NOVENTA E SETE ANOS (C. 1359) MANDOU CERCAR ESTA VILA E FAZER ESTAS TORRES POR ÁLVARO PAES QUE ERA SEU CORREGEDOR E COMEÇARAM A BOTAR (JUNTAR) A PEDRA (A) 8 DE MARÇO E COMEÇARAM A FUNDAR AOS SEIS DIAS DE JULHO.

Dois suportes perenes se superpõem para garantir a informação às gerações futuras. Um com a inscrição original, outro com uma versão mais recente. Na escultura do guerreiro na Casa dos Nichos em Viana do Castelo, a inscrição também se deslocou para outro suporte semelhante, outra estátua em material leve, não para ser compreendida pelos visitantes, mas para que os sinais e os sulcos pudessem ser mais bem destacados. A escolha dos suportes, de ontem e de hoje, incorpora o valor histórico das inscrições. Enquanto a escultura encontra o abrigo no museu, a pedra e o metal permanecem sobre a ponte em Ponte de Lima, do mesmo modo que pedras com gravações gregas permanecem nas ruínas em Delfos, na Grécia.

A intenção de perpetuar inscrições, nos tempos pré-antiguidade grega ou nos tempos atuais, dirige-se para a escolha de suportes fisicamente duros que possam suportar as ações imperceptíveis da natureza: a umidade, o bolor, o sol, a chuva, as alterações climáticas e as ações humanas. Essa escolha pode ter a intenção de perpetuar atos heroicos, como preservar os atos da resistência francesa ou perpetuar as ações vis praticadas por homens e suas máquinas, como as dos nazistas. Em pedra, vidro ou metal, o rastro do genocídio judeu parte das paredes externas de uma escola em Paris, passa por uma estação de trens em Compiègne na França, e chega, como os trens, ao campo de extermínio de Birkenau, na Polônia.

Em Paris, com letras douradas em caixa-alta, na parede de uma escola, a inscrição em placa de material durável, negro, é de denúncia e de alerta:

À MEMÓRIA DOS ALUNOS DESTA ESCOLA DEPORTADOS DE 1942 A 1944 PORQUE NASCERAM JUDEUS, VÍTIMAS INOCENTES DA BARBÁRIE NAZISTA COM A CUMPLICIDADE DO GOVERNO DE VICHY. ELES FORAM EXTERMINADOS NOS CAMPOS DA MORTE. 100 CRIANÇAS VIVIAM NO 16ºÉME. NÃO OS ESQUECEREMOS JAMAIS. 17 DE MAIO DE 2003.

Na estação ferroviária de Compiègne, a 80 quilômetros de Paris, lê-se em suporte de mármore branco, em formato retangular, o registro dos deslocamentos dos prisioneiros sem direção aos campos de concentração nazistas:

AQUI 48.000 PATRIOTAS SAÍDOS DO CAMPO DE ROYAL DE ONDE FORAM DEPORTADOS PARA OS BANHOS NAZISTAS. AUSCHWITZ. BERGEN-BELSEN. BUCHENWALD. DACHAU. DORA. FLOSSEN-BÜRG. MAUTHAUSEN. NEUENGAMME. ORANIENBURG. RAVENS-BRÜCK. STRUTHOF. NÃO ESQUECER JAMAIS. 1941-1994.

No museu a céu aberto de Birkenau, na Polônia, em placa de metal depositada sobre um piso de pedras, lê-se, também em caixa-alta:

QUE ESTE LUGAR ONDE OS NAZISTAS ASSASSINARAM UM MILHÃO E MEIO DE HOMENS, DE MULHERES E DE CRIANÇAS, A MAIORIA JUDEUS DE DIVERSOS PAÍSES DA EUROPA, SEJA SEMPRE PARA A HUMANIDADE UM GRITO DE DESESPERO E UM ALERTA. AUSCHWITZ-BIRKENAU. 1940-1945.

Como fizeram gregos e romanos, os caracteres são escritos em caixa-alta, como se os registrados em caixa-baixa pudessem ofuscar a força e o valor das inscrições. Ora em placas retangulares, coladas em paredes ou em piso, ora em monumentos verticais em pedra, as inscrições se agregam aos suportes e aos tipos de caracteres para alcançar uma dimensão maior do que elas próprias.

Nem sempre, contudo, a escolha do suporte se presta à intenção de perpetuar uma inscrição, porque antecipadamente se sabe que pode se tornar anacrônica com o avançar do tempo. As placas das ruas, por exemplo, são comumente feitas de material não perecível, mas não tão perenes. Há, contudo, em ruas europeias, inscrições na própria pedra, superadas pelo tempo, ou ainda sendo atualizadas. Esses suportes com nomes de rua estão sempre, em todo o mundo, acima das cabeças dos homens, ora em barras verticais, ora nas próprias paredes. Quero destacar uma placa de pedra existente na cidade galega de Tui, na Espanha, incrustada em parede. Considero-a de interesse, porque ela apresenta o nome atualizado da rua, com a incorporação de dois de seus nomes anteriores superados pelas mudanças sociais e políticas havidas ao longo de sua história.

Rua
Porta da Pía
Antes
Rua do Generalíssimo
Rua da Peixaria

Supostamente, o primeiro dado à rua, o terceiro na placa, teria sido dado pela população graças às casas de venda de peixe, e o segundo teria sido imposto pelos políticos locais interessados em agradar a Francisco Franco, ditador espanhol do século XX, tratado por generalíssimo. Superados os momentos econômicos e políticos, as velhas placas morrem, renascem em outras, no mesmo suporte de pedra para, supostamente, não deixar morrer a história da rua. Incrustados na pedra estão os indícios que indicam seu valor histórico. Na entrada da mesma cidade, próximo à fronteira portuguesa, uma placa de informação geográfica e de trânsito com o símbolo da comunidade europeia, construída em material com vida não muito longa, acolhe duas inscrições feitas com instrumentos e intenções opostas. Elas revelam a disputa política entre a Galícia e a Espanha.

A primeira inscrição em caixa-alta registra ESPANHA, com marcas de apagamento intencional, e, logo abaixo 1 km. A segunda, feita por tinta branca em *spray* sobre o fundo azul, em caixa-alta manuscrita, registra GALIZA, com a intenção de informar que o viajante está prestes a entrar nas terras da Galícia. O suporte oficial, contraditoriamente, oferece também a informação clandestina. O manuscrito, impregnado de valor patriótico regional, ataca o impresso, representante do oficial. São forças em disputa que se manifestam em traços, tintas e formas de letras em um mesmo suporte de material razoavelmente perecível. Fixos, os suportes não podem circular, mas são os seus leitores os responsáveis pela circulação virtual dos enunciados.

Para dar relevância a uma inscrição em relação à outra, na Grécia, o profissional que gravava — que poderíamos chamar de gravador — não jogava só com a forma das letras, mas também com o espaço branco e com o espaçamento entre linhas. A relação entre traço, espaço branco e suporte se modifica aos poucos. Na cultura ocidental, esses elementos alcançaram um grande ponto evolutivo na era carolíngia quando uma nova prática consistia em espaçar as letras, para facilitar a leitura; depois, um século "[...] mais tarde as palavras foram claramente distintas umas das outras. A leitura 'ocular' substitui então a leitura em voz alta ou baixa. No século XII, a qualidade dá aos manuscritos uma legibilidade perfeita, com as letras fechadas e as palavras espaçadas" (Parisse, 2012, p. 300).

Essa valorização do olhar sobre as inscrições orienta, desde a Antiguidade, a escolha dos suportes e do material que as compõem. No vale do rio Danúbio, por volta de 500 anos a.C., foram encontrados escritos que racionalizavam o espaço da superfície do suporte. Guichard (2012, p. 25) entende que era colocada em prática "[...] uma educação dos olhos para a leitura, também essencial à escrita e ao ato de escrever". Na Grécia antiga, escrever não era somente "[...] fixar sobre um suporte uma mensagem transposta em signos convencionais, mas também criar um objeto artístico" (Dobias-Lalou, 2012, p. 244).

A Serra da Capivara, em São Raimundo Nonato, no sul do Piauí, abriga sítios arqueológicos com pinturas rupestres. Vi ali, em 2021, um grande paredão, escolhido por homens há milhares de anos como suporte para a inscrição de suas escritas-figuras com a intenção de preservá-las para sempre, protegidas do sol, da chuva e do vento, na imensidão da caatinga. As escritas-figuras resistem, protegidas pelos vigilantes do Parque, apesar do perigo da urina e das fezes dos mocós, roedores milenares que habitam as brechas entre pedras. A posição em relação ao sol e a inclinação dos paredões orientaram a escolha certa dos suportes que receberam as tintas avermelhadas de seres humanos que queriam deixar seu legado histórico.

Arte e escrita se encontram sobre os suportes mais variados, mas são os flexíveis, leves, e por essa razão, perecíveis, que permitem o burilamento artístico e a manifestação de traços diferenciados dos caracteres. Ao estudar os manuscritos literários e sua relação com os suportes, Bustarret (2012, p. 341) afirma que "[...] as qualidades físicas do suporte e os instrumentos interferem no curso da redação, no plano material e no plano semiótico". No Museu de Cartas e Manuscritos de Paris podem ser observadas essas relações entre suporte e escrita manual, entre a criação íntima de cartas pessoais e seus suportes, mas também a criação literária, com tintas, penas e papéis variados.

O uso e a criação de suportes flexíveis e perecíveis acompanham a própria história humana. Na minha infância na metade do século XX, os fogões à lenha produziam tições, restos de madeira parcialmente queimada usada como combustível. Com eles, pedras, pisos de cimento e o chão de terra dura recebiam traços de letras indecisas de nomes de pessoas. O tição, ainda no século XX, desde os tempos da descoberta do fogo, servia como instrumento de registro fora do cérebro das intenções do homem. Mais interessante e curiosa, entretanto, parece ser a construção de tapetes religiosos pelas ruas com sal, farinha, outros pós e tantos grãos, por ocasião de festividades religiosas de *Corpus Christi*. Na pequena vila de Vitorino dos Piães, no Alto Minho, no domingo de 22 de junho de 2014, vi uma procissão que caminhava sobre um desses tapetes que apresentava, no ponto inicial, o brasão da vila, seu nome e frases religiosas, cuidadosamente escritas em um sábado. Em poucos minutos foram destruídos pelos pés dos fiéis, durante o curto trajeto entre o início da rua e a igreja, no final dela.

A primeira inscrição, CORPO DE DEUS, estava na parte superior; na parte inferior, o nome da Vila e o ano, todos em caixa-alta, compostos todos por grãos negros sobre grãos brancos de sal e sobre pó de cor marrom. O tipo de letra, os elementos físicos de sua construção, o tipo de enunciado, os suportes e a sua natureza perecível compuseram um conjunto harmonioso planejado para ser destruído pelos pés, sem perder, contudo, o seu valor moral e religioso. Se na Grécia antiga e nas placas sólidas parisienses o valor estava no caráter perene do suporte, neste caso, o valor permeia todo o conjunto simbólico que inclui o seu desaparecimento iminente.

Os suportes nas mídias digitais

Há alguns anos, em entrevista concedida a um jornal brasileiro, um cidadão responsável por registro de documentos históricos revelava o aspecto perecível dos documentos armazenados em CD-ROM. Apresentava o argumento de que as mídias são frequentemente alteradas, refeitas, transformadas, renovadas. Ao se renovarem, lançam no lixo sua própria história e a possibilidade de recuperação dos arquivos já gravados. Basta ver o que aconteceu com os disquetes, grandes e pequenos, que já não têm os seus *drives* de leitura, com os CDs, com os programas que não mais rodam e com milhares de fotografias arquivadas que nunca serão revisitadas e, possivelmente, não terão no futuro programas que as leiam. Quem um dia usou os processadores de texto na década de 1990, como o Carta Certa e o Word Star, viu seus artigos mergulharem num abismo profundo, escuro e sem retorno. Ilusão de quem, bem iludido, como eu, acreditava que ficariam gravados para sempre.

A invisibilidade dos arquivos de texto tem origem na codificação dos processadores. O toque nos caracteres do teclado aciona sinais codificados arquivados na memória. O texto que queremos visível não está gravado, mas pode se tornar visível quando aparece na superfície, lido pelo processador e exposto em um suporte material — a tela. É a esse processo que se refere Jeanneret (2012, p. 395), ao afirmar que: "[...] as mídias digitais conservam as mensagens sob uma forma codificada e invisível e, paralelamente, multiplicam as formas materiais, perceptivas e operatórias sob as quais as mensagens aparecem para o homem: eles associam a inscrição ilegível à escrita legível".

A escrita na tela não seria, para Jeanneret (2012), uma escrita desmaterializada por ser a tela um objeto virtual. Ao findar a energia, a tela escurece, a escrita desaparece, mas continua arquivada. De fato, a escrita usa, primeiramente, um suporte material — a tela — pelo qual ressurge diante dos olhos do leitor, mas, posteriormente, é gravada sobre outro suporte, também material — o papel que desliza na impressora, submetido a cartuchos de tinta ou de pó de uma impressora. Não há, para Jeanneret, imaterialidade, mas outra materialidade, isto é, uma dupla materialidade de um mesmo texto, em dois suportes distintos, pelos quais pode circular de modos diferentes para atingir pessoas em esferas também distintas. Para Jeanneret (2012, p. 398):

> [...] não é a imaterialidade que caracteriza a escrita da tela, mas uma dupla materialidade: a que, fisicamente constituída, do suporte que permite a afixação, e a puramente semiótica, de evocação da escritura material. A inscrição do programa é legível somente pelo técnico; as formas propostas ao usuário apelam para a memória das materialidades da cultura.

Ao chegar abrindo as portas do mundo sem pedir licença, a cultura digital rompeu também com o conceito de materialidade dos suportes, porque a tela, como o casco da tartaruga, a placa de cerâmica ou os blocos de mármore, é um objeto material, mas serve para a manifestação de um texto que, por ser invisível para o leitor comum, supõe-se imaterial. Não há, todavia, como não perceber a imensa gama dos suportes pelos quais os textos se manifestam, tendo a tela como ponto de partida, e conceber a amplitude de sua circulação, porque, como afirma Jeanneret (2012, p. 398):

> Essas evoluções afetam o modo de existência do texto. A aderência do signo ao suporte é um fato técnico consubstancial à existência da escritura, do tablete sumeriano à imprensa moderna. Com o regime de informatização do texto, a inscrição e a manifestação se dissociam. Não é a tela que circula, mas uma cadeia codificada que permite a aparição do texto em outro lugar e além: folha A4 de impressora, tela de computador, imagem projetada, fragmento afixado sobre um telefone. O texto não é desmaterializado, mas ele perde seu caráter de objeto individualizado e torna-se um evento, reiterado à solicitação pelo gesto do leitor gestualizado que o requer, solicitando o procedimento técnico.

O texto escrito no velho Trabant em Budapeste confirma a argumentação de Jeanneret, porque, para expor a folha em seu vidro, o seu proprietário-pedinte teria tocado em teclas do computador, cujos circuitos teriam criptografado os caracteres utilizados e os espaços demarcados. Decriptografados em seguida, materializaram-se diante dos olhos do digitador, na tela, que se tornou o suporte que deu ao enunciado a condição de ser legível. Submetido à impressora doméstica, o papel branco, outro suporte material, acolheu as marcas escuras e os espaços em branco, para compor, em caixa-alta como é frequente, o pedido de esmolas ao passante. Assim se deu a segunda materialização do enunciado sobre outro suporte que lhe garantiria a circulação em esferas diferentes daquela em que foi elaborado a princípio. Possivelmente, o carro, com sua porta e vidros, seria estacionado em outras vias turísticas para obter mais donativos. Certamente seria evitada a sua circulação em áreas de concorrente mendicância, mas o vidro se equipara à tela do monitor em que o texto apareceu pela primeira vez.

Os mesmos procedimentos, com questões de valor de outra ordem, foram aplicados para fazer circular um enunciado composto por ícones, mapas, espaços e caracteres, colocado nas trilhas que iam em direção aos dolmens das montanhas Pailléres, no sul da França, quando por lá passsei guiado por Élie Bajard:

> PERIGO. NÃO SAIR DAS TRILHAS BALIZADAS.
> Após o afundamento de um poço devido a uma vasta rede subterrânea de minas antigas, para sua segurança, não saia das trilhas balizadas, não estacione o seu veículo em um local chamado A Velha Montanha. Obrigado por sua compreensão.

Composto por instrumentos digitais, impresso em papel branco com tintas coloridas e pretas, o aviso não foi colocado em um suporte como pedra ou madeira que pudessem garantir sua longevidade, mas sobre o solo. Por ser de natureza perecível, a folha de papel fora plastificada, depositada sobre a terra, sob uma árvore, presa por pequenas pedras para evitar que o vento a levasse. Tratava-se de um daqueles enunciados considerados mais ou menos oficiais, extremamente importantes, dirigidos aos visitantes que vão observar as antas pré-românicas no alto da montanha, mas, contraditoriamente, a forma de sua circulação, seu suporte e o modo como o conjunto foi depositado no solo não espelhavam o valor a ele atribuído na relação entre orientadores públicos e orientados turistas, nem respeitavam a característica duradoura a ele inerente.

Um grande cartaz, colado a uma parede de uma biblioteca escolar em Paris, em 2014, permitia a reelaboração do conceito de biblioteca escolar, sua composição, seus bens, seu funcionamento e suas relações com a cultura. Tratava-se de conjunto de expressões e de palavras, que, em cores múltiplas, dirigiam-se diretamente aos alunos que por ali circulavam.

> Se você diz "Biblioteca"
> Texto palavras inventar história em quadrinhos lugar relaxamento refletir confortavelmente copiar exposição refletir engraçado documentário ler livro descoberta história fatigante autores calma Perrault tranquilo clube aprender futebol folhear romance piada histórico escrever pirata contar jornal fascinante Harry Potter desenhar se sentar leitura ambiente pesquisar descobrir álbum Grimm assassinato

Com paciência, as crianças podem aceitar o jogo proposto pelo conjunto colorido de palavras para ensaiar colocá-las umas mais próximas das outras conforme os ditames da¹ sintaxe exigidos para construir um claro enunciado. Esse conjunto poderia circular por todas as bibliotecas escolares de Paris com a intenção de informar o que elas podem oferecer e que relações podem ser ali construídas entre leitores, livros, papéis, canetas, pincéis, exposições verbais, investigações e descobertas acerca do responsável pelo assassinato de um personagem.

Usar bem os suportes e suas inscrições nas escolas é um obstáculo ainda a transpor. Os suportes sociais circulantes nas escolas podem não conservar todas suas características e relações de sentido, mas sim sugerir, pelo menos, um modo significativo de apropriação dos enunciados pelas crianças e a compreensão de suas funções.

Recorri a um conjunto de pesquisadores franceses, reunidos em uma obra extraordinária, organizada por Anne-Marie Christin, notável estudiosa da história da escrita, e fiz ligações com cenas de escrita por mim coletadas, em suportes os mais diferentes, em situações inusitadas.

Ao final destas reflexões que redimensionam os suportes para qualificá-los como unidades de significado na composição dos atos de escrever e de ler, tenho a esperança de que os professores alfabetizadores, ao fazerem proposições de escrita às crianças, incluam perguntas essenciais para o seu planejamento: O que queremos escrever? Por que queremos escrever? Para quem vamos escrever? Qual gênero será necessário para isso? Como vai circular? Que suporte vamos usar? Que instrumentos temos de usar para escrever? E muitas outras próprias para o ato de ler, que também tem relação com o suporte no qual repousa a escrita à espera dos olhos e da mente do leitor.

Caminhos de confronto e de escape

O ponto de partida para enfrentar as configurações humanas na composição de suas relações no tecido social terá de ser deslocado radicalmente. Em vez de considerar a materialidade da linguagem oral, isto é, seus elementos constitutivos como ponto de referência para a aprendizagem da escrita, será necessário encontrar a relação entre linguagem oral e linguagem escrita não nos elementos materiais — fonemas e grafemas —, mas nos sentidos por elas trocados e deslocar o ponto central da materialidade para os caracteres que compõem as palavras em enunciados. Por isso, este capítulo reafirma a tese de que os modos de ensinar e de aprender a linguagem escrita no processo de alfabetização podem se distanciar da concepção de que a linguagem escrita latina ocidental continua organizada sob o princípio alfabético desde sua gênese e, consequentemente, da necessidade de desenvolvimento da consciência fonológica como referência. Ao disso se distanciar, a tese será reafirmada por se aproximar do conceito de linguagem escrita híbrida, pansemiótica, que demanda novos modos de pensar, novos suportes, novos gestos, novos instrumentos de inscrição, em relações profundamente dialógicas.

Por isso, tem início aqui a análise das relações estreitas entre herança tipográfica, dispositivos digitais em transformação e aplicativos usados em troca de mensagens. As análises partem do princípio de que a escrita no mundo digital recupera marginalizados contrapontos históricos feitos a uma concepção de escrita apoiada integralmente no princípio alfabético. O homem, com a escrita digital, reintroduz o componente logográfico, historicamente desprezado em virtude da predominância do princípio alfabético, e recria um conjunto híbrido, concretamente manifesto em trocas instantâneas de mensagens.

Novos gestos, novos instrumentos, novos suportes e escrita revitalizada organizam novas relações entre os que ensinam, os objetos a serem ensinados, e os que aprendem. Anuncia-se como fundamental encontrar um outro conceito para que escapemos das armadilhas dos tantos conceitos de letramento e dos de literacia, no cenário brasileiro. Ao fazer isso, nos aproximamos de núcleos de resistência onde se encontram estudiosos, como Souchier, para quem, na França, a recuperação do termo *lettrüre* poderia impedir que o termo *littératie*, de origem inglesa, ocupasse esses espaços conceituais:

> Maud Sissung explica, a propósito disso, que "a língua francesa não possui equivalente à palavra inglesa *literacy*, que designa a capacidade de ler e de escrever". Ela acrescenta, porém, que "o francês possui uma palavra para designar" essa habilidade — ou essa "arte" — e especifica que esse termo não era outro senão o famoso "lettrüre", dotado de suas inumeráveis variações gráficas (Souchier, 2015, p. 212).

A investida contra o conceito de alfabetização, há duas ou três décadas, reduziu-o a uma visão estritamente técnica, ou seja, restringiu-o aos chamados mecanismos de base que cuidam da correspondência entre fonema e grafema. Reduzido a esse aspecto, a alfabetização cedeu lugar a *literacy*/letramento, que cuida das manifestações usuais da linguagem escrita. Melhor seria se se chamasse alfabetização, pura e simples, mas isso se chocaria com a expressão largamente utilizada em estudos brasileiros — alfabetizar/letrando, isto é, ensinar os mecanismos de base e ao mesmo tempo ensinar os usos da linguagem escrita. Mesmo querendo se distanciar um do outro, ironicamente, alfabetizar-letrando e método fônico-literacia se tocam em alguns pontos.

Souchier (2015) recusa a substituição de alfabetização por *literacy/literacia/littératie*. Prefere recuperar, como disse, o termo medieval *lettrüre*, embora a avalanche midiática não tenha dado espaço a esse termo. As ações humanas nas mídias digitais (Souchier, Candel e Gomez-Mejia, 2019) exigem a fusão dessa ação dupla de ler-escrever, inseparável nos dispositivos, mas possível ainda fora deles. Esses autores observam que: "[...] Quando escrevo em meu teclado, eu estou igualmente mergulhado em uma atividade de leitura. Eu leio as teclas como também os signos conexos, como também posso ser levado a ler as instruções na tela" (Souchier, Candel e Gomez-Mejia, 2019, p. 25). Para eles, a humanidade vive uma sociedade de profunda textualização, graças aos dispositivos e aos aplicativos digitais. Nesse fenômeno de textualização, essas duas ações aglutinadas roubam o cenário e se metem vivamente nas relações humanas. Os conceitos de literacia, de *litteracy* e de letramento não têm ferramentas para compreender e para explicar a totalidade do processo, porque as relações humanas, por meio desses dispositivos que redimensionam a linguagem escrita, são muito mais complexas:

> A atividade de escrita e de leitura — a *lettrüre* — se revela então ser uma prática infraordinária pela qual nós não temos por costume nos colocar a pensar. Ela nos permite, todavia, ter acesso a todo o leque de mídias digitais colocadas em movimento. Emblemática de nossas práticas de comunicação contemporâneas, ela se inscreve em uma história longa e requer uma aprendizagem específica [...]. Longe de ser de um gesto puramente técnico, essa habilidade, essa arte de *lettrüre* leva em conta uma verdadeira cultura letrada que supõe uma economia e uma organização específica da sociedade (Souchier, Candel e Gomez-Mejia, 2019, p. 41, grifos dos autores).

Acompanho o pensamento dos três pesquisadores e as suas razões para assumir um novo conceito, mais adequado para as ações dos homens e das crianças nos dispositivos digitais, que se afasta do conceito de literacia e de letramento, para aproximar-se mais do de *lecto-escrita* do construtivismo, e se aninhar em conjunto único e indissociável em português — *leiturescrita* —, semelhante a *lectoescrita* referenciado por Souchier como existente no mundo hispânico da América Latina, mas, como penso nos atos praticados com ela, sugiro *lescrever* como ação verbal vinculado ao conjunto *leiturescrita*. Esses atos indissociáveis não se manifestam do mesmo modo em outros suportes: "Eu escrevo em um teclado e leio na tela. Na realidade, minha atividade é um pouco mais complexa, porque me situo permanentemente em uma configuração dual de escrita-leitura, de *lettrüre*" (Souchier, Candel e Gomez-Mejia, 2019, p. 24).

Ao reintroduzir um termo tipicamente francês no universo dos estudos sobre linguagem, Souchier (2015) destaca as práticas de ler e de escrever, quase simultâneas, nos aparelhos digitais. Com isso, recusa-se a usar também letramento digital e outros letramentos, derivados do conceito inicial. Aqui, por opção, também não uso o conceito nem o termo letramento, mas recupero o termo espanhol usado por Teberosky (1986) — *lecto-escrita* — e o adapto para o português, como um só termo com um novo conceito, aproximado ao de *lettrüre*, que funde os atos de ler e de escrever, mantendo, todavia, suas identidades, *leiturescrita*.

A linguagem escrita abandona o controle de supostas leis do mundo das escritas alfabéticas para assumir seu hibridismo, com as configurações visuais semióticas exigidas pelos aplicativos em celulares, notadamente os de troca de mensagens. A esse respeito, assim se manifestam Souchier, Candel e Gomez-Mejia (2019, p. 14):

> No mundo hispânico, a *lecto-escrita* inicial é a expressão que cobre o período de aprendizagem da leitura e da escrita entre as crianças

(período geralmente situado entre 3 e 6 anos). Associa-se assim sob a mesma expressão um período dedicado à aprendizagem das atividades de leitura e de escrita reunidas sob um mesmo gesto físico e intelectual. Os anglófonos utilizam o termo *literacy*, que corresponde igualmente aos saberes de um mesmo gesto. A leitura, a escrita e os saberes inscritos na tradição *lettrée* (letrada) se reencontram sob esse termo, que culminou por ser afrancesado em *littératie* depois da circulação dos trabalhos do antropólogo Jack Goody (2007).

Antes e depois das aulas, as crianças manipulam em casa os teclados virtuais dos celulares para escolher e fazer avançar as etapas dos jogos, para ver a *performance* de um *youtuber*, para ler um recado da mãe ou do pai ou da avó ou do avô, ausentes, pelo *WhatsApp*. As crianças praticam o ato conjunto de *lescrever* e, por isso, o ensino metódico de exercícios para desenvolvimento de consciência fonológica as leva ao tédio, do mesmo modo quando na escola *lhes ensinam antigas lições, de morrer pela pátria e viver sem razão* (Vandré, 2023). Esse conjunto afastado da realidade da vida leva os alunos ao distanciamento da linguagem escrita, dos novos suportes e dos novos gestos, e os empurra para o reino dos transtornos de comportamento.

Por isso, analisarei as relações estreitas entre herança tipográfica, dispositivos digitais em transformação, e aplicativos usados em troca de mensagens. As análises partem do princípio de que a escrita no mundo digital recupera marginalizados contrapontos históricos feitos a uma concepção de escrita apoiada integralmente no princípio alfabético. O homem, com a escrita digitalizada, reintroduz o componente logográfico, historicamente desprezado em virtude da predominância do princípio alfabético, e cria um conjunto híbrido, concretamente manifesto em trocas instantâneas de mensagens, como já anunciei em capítulos anteriores.

Se a escrita pode ser reconhecida no mundo digital de 2024 como não predominantemente alfabética, como era em seu período de existência entre os gregos, não há razão alguma para que sejam aplicados métodos, como o fônico, nem o conceito de SEA (Sistema de Escrita Alfabética), nem o de consciência fonológica. Considerar a escrita não estritamente alfabética fere mortalmente o princípio sobre o qual se apoiam todas as tendências com presença em documentos oficiais aqui referenciados: Plano Nacional pela Alfabetização na Idade Certa (PNAIC), Base Nacional Comum Curricular (BNCC), Decreto n. 9.765/2019, e concepções como alfabetizar-letrando. O mundo digital aponta para um outro futuro, porque foram desnudadas, pelo uso digital, a natureza não alfabética da linguagem escrita e a necessidade de reconhecer a autonomia dela em relação ao oral:

> Este desejo de redefinir o signo escrito e de dar autonomia ao escrito foi realizado pela abertura a outras disciplinas ou paradigmas de pesquisa, a fim de extrair argumentos suscetíveis que pudessem estabelecer uma semiologia do escrito, até mesmo uma linguística do escrito, em bases mais específicas e mais amplas.
> Diante dos defensores dessa concepção restrita, para os quais a escrita tem por única função semiótica a de notar a linguagem oral e que nega a ela a sua autonomia, desenvolveu-se um ponto de vista oposto: a abordagem mais ampla e integracional (R. Harris) ou "pansemiótica" (Klock-Fontanille, 2016, p. 6).

Klock-Fontanille reconhece o distanciamento do escrito em relação ao oral e, em consequência, a conquista de sua autonomia. O olhar para a escrita como uma linguagem autônoma abre caminhos paradigmáticos pouco trilhados porque rompe com um modo de pensar que anula suas propriedades intrínsecas, quando compreendida como um sistema de notação da linguagem oral, tal como está implícito no Sistema de Escrita Alfabética (SEA) exposto no PNAIC. Por isso Klock-Fontanille anuncia a possibilidade de "abertura a outras disciplinas ou paradigmas de pesquisa". Trata-se, por isso, de encontrar outro paradigma diverso do lugar-comum explorado até aqui. Outra antropóloga, Krämer (2016), anuncia que houve debates sobre o tema no final do século XX que não atraíram interesse, porque sacudiam radicalmente o pensamento conservador:

> É justamente o debate sobre "Oralidade e Alfabetização" no último terço do século passado que revelou a criatividade da alfabetização e que colocou o escrito sobre um plano de igualdade com a fala. Desde então, o oral e o escrito são considerados como formas relativamente autônomas da língua, cada uma apresentando os desempenhos próprios de um ponto de vista de mídia, linguístico, cultural e antropológico (Krämer, 2016, p. 1).

Conquistada a igualdade entre as duas formas, em vez de uma ser submetida à outra, é possível vislumbrar em todas as áreas do conhecimento a ruptura com o pensamento restritivo que assume a visão de escrita alfabética e de seu ensino metodizado como um dogma inabalável. A linguagem escrita vista como um conjunto composto por unidades materiais (caractere-imagem e palavra-imagem) e por sentidos provoca a ruptura do dogma fonográfico.

Essas questões insistem na necessidade de aprofundamento do debate iniciado no final do século passado, e é em razão dessa necessidade e do cenário sociocultural desenhado pelo uso dos celulares e dos seus aplicativos neste século que a concepção do objeto a ser ensinado pode ser revista e a metodologia de ensino reorganizada. O princípio alfabético não mais ditaria, por isso, as regras da alfabetização ou, melhor, das metodologias de ensino do agora concebido ato conjunto de *lescrever*.

Quando Freinet (1976) ensinava os seus alunos a manipular os caracteres para montar no componedor o texto do jornal da classe que circularia em Saint-Paul-de-Vence, disseminava entre eles a ideia de que o signo verbal portava sentidos materializados em uma configuração convencionalmente respeitada e, ainda mais, desenvolvia, à semelhança da manipulação dos sons da oralidade, a ideia de que sentidos poderiam ser materialmente objetivados com a montagem e o reposicionamento de posições dos caracteres na configuração da palavra. Essa ideia se contrapunha, desde essa época, à de subserviência dos caracteres gráficos aos elementos orais. Se havia uma consciência fonológica para manipular sons de acordo com os sentidos, haveria também uma consciência gráfica em formação, no *lescrever*, para manipular caracteres. A consciência gráfica, nascida com a tipografia, daria autonomia à linguagem escrita e faria de seus caracteres as unidades de sua constituição. A manipulação da face visível e gráfica do signo recuperaria a iconicidade abandonada da linguagem escrita, mas não perdida, ao longo dos séculos.

Como comentei precedentemente, em vez de letras, a tipografia exigia que o homem escrevesse com caracteres, entre eles, o espaço-branco, usando as mãos e todos os dedos, com gestos pouco usuais no interior de uma sala de aula. Ali se inaugurava uma nova era. Mas um toldo imenso a cobriu e a cobre até hoje. Ela ainda espera seu reconhecimento, mas somente em salas de aula, porque na vida diária movida a aplicativos nos celulares, a linguagem escrita híbrida, icônica, com caracteres, e promotora da consciência gráfica, explode criativa e decisiva nos atos humanos. A tipografia escolar freinetiana passou por um processo de miniaturização e se instalou, com muito mais recursos, e com muito maior poder de promover a divulgação dos escritos, nos celulares por aplicativos. A linguagem escrita híbrida e digitalizada (Bouchardon, 2017) ainda não entrou metodologicamente nas escolas, mas entrou na vida das crianças que manipulam os aparelhos dos pais em casa.

Os aplicativos de trocas de mensagens, como o *WhatsApp*, se utilizados pelas crianças, criam as seguintes possibilidades: a) permitem a tomada de consciência de que a linguagem escrita, historicamente elaborada para ser olhada, é um instrumento de trocas culturais; b) permitem às crianças entender o papel dos signos visuais na mediação das relações humanas; c) promovem o desenvolvimento da consciência gráfica, porque as crianças manipulam com os polegares as teclas virtuais representantes de caracteres, que ultrapassam o conceito de escrever com letras e de que letras seriam organizadas em conjuntos silábicos; d) destacam a configuração visual das palavras; e) permitem o uso de abreviações e abreviaturas e, com isso, distanciam-se da obediência à sequência sonora e percebem a autonomia das unidades da escrita em relação às orais; f) retiram a aura sagrada da aprendizagem da escrita pelo uso de um mesmo instrumento — o lápis —, um mesmo movimento — o de rotação e translação — e um mesmo suporte — o papel; g) destroem a necessidade de desenhar o caractere na página, porque as letras estão já prontas para as escolhas pelos dedos; h) sugerem as palavras, com a ortografia consagrada, armazenadas nos bancos de dados, que se tornam modelos para a compreensão do sistema gráfico.

A escrita digitalizada estreita os laços com a sua mãe — a escrita tipográfica, de um lado, e de outro reforça os argumentos para a elaboração de uma teoria da linguagem escrita, com elementos, modelos, usos, gêneros, circulação, ensino e aprendizagem autônomos em relação a seus correspondentes na linguagem oral. O vínculo entre as duas continua sendo mantido pelos sentidos compartilhados, mas não mais pelos aspectos tangíveis da materialidade.

Retomo aqui o pensamento de Richaudeau (1999), já citado. Ele traça a evolução, lenta antes do século XIX e rápida depois dele, da imprensa e das formas de inserção dos caracteres sobre os suportes. Ele situa na Alta Idade Média o trabalho do monge-leitor que, diante dos manuscritos em *scripta continua*, sem espaços e sem pontuação, deveria "[...] decifrar e articular cada sílaba e, de algum modo, tomar consciência do texto o escutando, 'lendo com os lábios'", mas com imprecisão de fonemas, porque "[...] aos mesmos grupos de letras correspondiam sons diferentes, e assim as abreviações muito frequentes 'quebravam' esse processo" (Richaudeau, 1999, p. 129). É preciso salientar em suas palavras o comentário sobre as abreviações, já utilizadas, que provocavam ruptura das regras de correspondências e colocavam em xeque o sistema considerado predominantemente alfabético, porque menos letras eram inscritas em relação à quantidade de fonemas. O princípio estava, portanto, rompido.

A linguagem escrita se distanciou de sua subserviência em relação à oral quando os monges inseriram o espaço de separação e indicaram o caminho visual para inscrição e percepção dos caracteres, unidades constituidoras do todo, o texto. As letras se tornaram uma categoria restrita no interior de um mundo mais amplo — o dos caracteres. Em 1445, com Gutenberg, veio a imprensa, e por quatro séculos nada mudaria na feitura de livros: "[...] os caracteres metálicos reunidos manualmente em linhas, essas linhas empilhadas em páginas, essas páginas impressas sobre folhas de papéis por uma prensa no braço" (Richaudeau, 1999, p. 129). Em 1949, com a fotocomposição, houve uma grande mudança: "[...] a morte do chumbo, substituído pelo filme que elimina todas as servidões e a rigidez da composição metálica. Mas o novo reino tecnológico seria de curta duração com a aparição em 1984 do computador Macintosh da jovem firma Apple, seguida de *softwares* para micros de todas as marcas" (Richaudeau, 1999, p. 130).

Em 1999, Richaudeau, com a visão histórica do desenvolvimento da tipografia, já antevia as mudanças na disposição dos caracteres nas páginas ou na tela do computador, a morte da linearidade e o nascimento de um mosaico de informações. Seus estudos informam que, em 1928, "[...] foi publicada a primeira edição de um código tipográfico, com o subtítulo: Escolha de regras para uso dos autores e dos profissionais do livro; e tornou-se uma verdadeira bíblia das pessoas do livro e da imprensa; até hoje intocado em nossos tempos" (Richaudeau, 1999, p. 144).

Com a perspectiva da prática dos atos de *lescrever* em um sempre crescente mundo textualizado pela escrita digital, Richaudeau sugere a ruptura do pensamento linear da escrita manuscrita, e mesmo da escrita tipográfica, para que as crianças se sintam em liberdade para pensar de outro modo:

Em primeiro lugar [...] valorizar em todos os raciocínios (entendido no sentido amplo do termo) por intuição, por analogia, por jogos lógicos. Isso é que conduziria — retomando os termos de Symour Papert — a substituir o 'instrucionismo' tradicional por um 'construcionismo' ativo, uma bricolagem mental e material, pela qual a criança deseja, procura, tateia, se engana, descobre, compreende e memoriza. E que corresponde aos esquemas mentais do labirinto, da espiral, da estrela e do ouroboros (Richaudeau, 1999, p. 146).

Suas recomendações pedagógicas se atritam com as recomendações do PNAIC, da BNCC e do Decreto Federal n. 9.765/2019, golpeiam o âmago de suas premissas e anunciam a ruptura paradigmática que poderá consolidar os rumos de uma nova era na alfabetização. São sete recomendações, das quais destaco três:

[...] Em segundo lugar, a importância fundamental do contexto para a compreensão dos sentidos das palavras e das frases condena as aprendizagens da leitura ditas 'sintéticas' que privilegiam desde o início a percepção fonológica das sílabas depois das palavras, ignorando suas polissemias frequentes, arriscando formar 'leitores?' decifradores de sons e ignorantes em significações.
[...] Em quinto lugar, é um erro considerar a linguagem escrita como uma segunda versão da linguagem oral. E, por via das consequências, de ligar a aprendizagem dessas duas formas de comunicação. E notadamente, deduzir as formas escritas das formas orais.
[...] Em último lugar, o código e certas regras tipográficas que datam da era do chumbo não estão mais adaptados à era do tratamento do texto, da PAO e da internet. E seu ensino, por consequência, deve ser renovado (Richaudeau, 1999, p. 146-147).

A sua experiência com a tipografia e o seu olhar histórico-tipográfico da escrita abrem, segundo meu ponto de vista, dois caminhos convergentes para a consolidação de um novo paradigma em alfabetização — leiturescrita — e para a aprendizagem das crianças. O primeiro tem a ver com os desdobramentos do desenvolvimento da consciência gráfica anunciada por Foucambert (1998) e aprimorada por Bajard (2021), em oposição à consciência fonológica. O segundo tem a ver com a ruptura linear do modo de pensar. Esse caminho me levaria a entender as crianças como aprendizes poliatentos, isto é, com atenções simultâneas, rápidas, não lineares. Nos parágrafos seguintes, introduzo os argumentos e os dados expostos por Foucambert (1998) e Bajard (2014) a respeito do primeiro caminho.

Filiado ao mesmo paradigma conceitual de Richaudeau, Foucambert cunha o conceito de consciência gráfica que inclui a experiência com a linguagem oral. Esse novo conceito se apoia, como contraponto, nas mesmas descrições atribuídas ao conceito de consciência fonológica, mas, em vez de colocar a gráfica a serviço da fonológica, as separa, já que cada uma se situa em campos diferentes dos estudos de linguagem, a primeira na escrita, a segunda no oral. Se as crianças podem desenvolver consciência fonológica ao pronunciar os elementos sonoros, podem também, de modo distinto, desenvolver a consciência gráfica na manipulação dos caracteres tipográficos que constituem os signos verbais da linguagem escrita. É o que parece conceber Foucambert (1998, p. 128):

> Pela descoberta do escrito e pelo esforço em aprender a utilizá-lo, a consciência linguística vai enriquecer-se com uma nova moldura, a consciência gráfica, que a transforma completamente. Que a experiência linguística já adquirida no contato com o oral seja reaplicada nessa descoberta é um fato que gera poucas dúvidas e predispõe a tomá-la como base; mas é totalmente diferente de pretender que a consciência gráfica se desenvolva a partir de elementos que estruturam a consciência fonológica. Não há nada que leve a concluir isso — nada, a não ser a sobrevivência do fonocentrismo que reina no campo da psicologia e da aflitiva preguiça intelectual quanto aos métodos de ensino de leitura.

Esse conceito por ele esboçado é aprimorado por Bajard (2016) na esteira de Richaudeau a respeito do código tipográfico, ou seja, da manipulação de caracteres para a composição das palavras no discurso:

É necessário também lembrar nossa vontade de introduzir a minúscula dentro do nome próprio desde o início do processo. No entanto, nem o espaço em branco nem a minúscula dizem respeito à pronúncia. Ao inserir esses elementos "mudos", estamos ampliando a dimensão ortográfica comum. Trata-se agora de levar em conta outro código, em uso desde a invenção da imprensa por Gutenberg: o código tipográfico com seus caracteres (Bajard, 2016, p. 216).

Ao manipular os caracteres já prontos, orientados por um sentido a ser criado, na *leiturescrita*, as crianças desenvolvem a consciência gráfica, isto é, cada caractere, letra ou não, torna-se uma unidade constitutiva de um todo e a sua posição participa da criação dos sentidos:

> Assim, podemos postular que a unidade mínima da escrita não é a letra, que possui dois formatos, nem o grafema, que depende do fonema, mas sim o caractere, cuja função provém do seu vínculo com o significado: o caractere é a menor unidade visual capaz de provocar uma mudança de significado, como ocorre em 'sol' e 'sou' (Bajard, 2016, p. 218-219).

Há, então, três conceitos articulados: um código tipográfico, que usa caracteres para compor as palavras no discurso, cuja composição desenvolve uma consciência gráfica, e cuja gênese se apoia na geração de sentidos conforme sejam reordenados. Nada disso seria determinado pela subserviência à linguagem oral nem sua conceituação seria dependente dela, como o grafema em relação ao fonema. Esses novos conceitos seriam resultado do próprio movimento da linguagem escrita tipográfica em passagem para a digital, descolada da oral e com relativa autonomia:

> Apresentamos neste artigo argumentos a favor de uma escrita contemporânea e autônoma. Ao abordar uma língua escrita editada em "letras móveis" com caixa dupla e espaço em branco, a criança faz surgir um código ortográfico estendido, isto é, um código tipográfico constituído de caracteres dotados de uma função discursiva dentro do signo visível.

Trata-se dos mesmos caracteres utilizados pelo tablet. Esse código, que vincula uma configuração visual a um significado, é o código básico da língua escrita e a criança pequena do Arrastão o manuseia muito cedo (Bajard, 2016, p. 221-222).

Mapeado o primeiro caminho, é preciso ir para o segundo, o das crianças que não pensam linearmente, que não obedecem a único foco de atenção, que não são monoatentas, mas poliatentas. Depois de vê-las nesse mundo plural, é preciso tomar um caminho em direção ao campo da linguagem das relações textualizadas.

Os comportamentos fora da norma, considerados transtornos de atenção, serão muito mais notados e ampliados nas escolas que se submeterem aos princípios da BNCC e do Decreto Federal n. 9.765/2019 já citados, cujos núcleos paradigmáticos se situam no desenvolvimento da consciência fonológica e na atenção unilateral controlada em direção a uma só ação. Essas metodologias, ou métodos, desencadeiam descompassos na relação entre crianças, objeto de aprendizagem e professores. As crianças poliatentas, que têm atenções direcionadas para muitos atos simultâneos, entre eles os de lidar com os aplicativos nos celulares, não suportarão o tempo morto dos exercícios e das aplicações da consciência fonológica.

Neste capítulo, expus, do canto ideológico em que me situo, um cenário macropolítico e, dele, fiz comentários a respeito de políticas públicas brasileiras para a alfabetização. Apesar de se situarem, do ponto de vista macropolítico, em oposição entre si, demonstei que, na concepção de linguagem escrita e de sua natureza, não há divergências porque assumem pontos de convergência. No horizonte comum entre elas resta intocável a visão de que a escrita seja integralmente alfabética.

Ao tomar como referência a linguagem escrita como pansemiótica, escapo da saia justa imposta pela visão alfabética, mais restrita, e aninho meu pensamento no campo interdisciplinar das ciências humanas que também estudam a linguagem. Aporto no porto das águas que banham os continentes da filosofia da linguagem, da semiótica, da antropologia, da tipografia e do digital. Acompanhado por estudiosos mais experimentados, compreendi que a linguagem escrita é organizada por caracteres, não por letras; que os caracteres são unidades que portam sentidos nos enunciados dirigidos para o outro; que, por isso, as crianças podem desenvolver uma consciência gráfica; que a relação entre linguagem digital, tela e teclado rompe a dualidade entre ler e escrever; que os termos alfabetização, literacia e letramento se tornam obsoletos e podem dar lugar à recuperação da palavra *lecto-escrita*, do mundo hispânico, disseminada pelos estudos construtivistas, que atualizo para o português brasileiro como *leiturescrita* e dos atos aglutinados de *lescrever*; essa opção se aproxima do conceito e da palavra *lettrüre*, recuperada do francês medieval por alguns estudiosos aqui referenciados.

Por fim, neste cenário social, cultural e antropológico, em que as relações humanas estão profundamente textualizadas em virtude do desenvolvimento da *leiturescrita* em dispositivos e aplicativos na tela, com os gestos dos polegares para *lescrever*, as crianças, os atores que protagonizam esses atos de aprendizagem, não mais suportarão um único suporte, o papel, um único instrumento, o lápis e seus semelhantes, nem uma única atenção em direção à relação material entre fonemas e grafemas. Elas não são, nem serão mais monoatentas, mas poliatentas. Caso o paradigma de referência para a aprendizagem seja o desenvolvimento da consciência fonológica e a atenção única, borbulharão diagnósticos de doenças, acompanhados de receitas medicamentosas destinadas a domar um espírito inquieto que se debate contra o controle linear de sua mente curiosa.

O último capítulo retoma e amplia o debate iniciado neste. Nele, o tema será a concepção de que vivemos, apesar ou graças aos dispositivos e aplicativos, em uma sociedade altamente textualizada. Ignorar os teclados, os aplicativos e as telas é ignorar essa metamorfose social em movimento vertiginoso.

Alfabetização em sociedades textualizadas

Cenas escolares pintadas ou fotografadas desde o século XVIII representam alunos, cadeiras, carteiras, mesas e bancos, papéis (telas brancas), livros, cadernos, e professores diante de um quadro-negro (uma tela escura). Entre os dedos dos alunos são vistos instrumentos de inscrição pouco variados na forma: lápis, pena, caneta, estilete, e giz entre os dedos do professor. Entre alunos e professores está o objeto ser ensinado e a ser aprendido — a linguagem escrita — sob o nome *alfabetização*, nomeado nos dias que correm *alfabetização-letramento, letramento* e *literacia*.

Neste primeiro parágrafo e nos capítulos precedentes, citei suportes, instrumentos, anunciei gestos, sugeri objetos de aprendizagem e apontei conceitos. O motivo foi o de evidenciar a supremacia e o destaque do suporte papel, do instrumento lápis e dos movimentos a eles vinculados, e reforçar a tese que venho desenvolvendo, desde o início, de que essa supremacia foi abalada pela entrada dos computadores de bolso, nômades, na vida cotidiana, os celulares com outro tipo de tela, com posições espaciais múltiplas que exigem do usuário outros movimentos com os dedos, não mais de três juntos em torno do lápis, mas de polegares e de indicadores, associados a outras intenções, uma delas, a mais antropológica de todas, a intenção de escrever e de receber mensagens na relação com o Outro.

Este cenário recente, que altera a aprendizagem da escrita, constrói-se, como sempre, com a conjugação de intenções entre os homens e um objeto antropológico — a linguagem escrita —, com suportes e instrumentos, resultantes de revoluções no mundo das trocas humanas. É necessário acrescentar a essa lista de novidades outro conjunto que ao primeiro se agrega: o dos dispositivos e dos aplicativos digitais. Por considerar esse cenário de agudo impacto social e educacional no campo da aprendizagem dos atos humanos com a linguagem escrita é que avalio ser incontornável promover abordagens, ainda que salpicadas de incertezas, que possam analisar os cantos ainda escondidos desse fenômeno revolucionário de trocas instantâneas de mensagens nos fazeres cotidianos na terceira década do século.

Para dar conta dessas abordagens, continuo a me apoiar em alguns conceitos propostos, analisados e discutidos pelos pesquisadores franceses no campo da linguagem, já citados, ancorados na antropologia, na semiótica e nas teorias de comunicação, entre os quais estão Souchier, Candel e Gomez-Mejia (2019), Klock-Fontanille (2016) e Krämer (2016).

A escrita alfabética e a perda de sua supremacia

Um dos princípios de base aqui considerados para fundamentar as argumentações é o que relativiza a predominância do princípio alfabético na gênese da linguagem escrita ocidental para, em contrapartida, redescobrir nessa gênese o princípio da imagem abandonado ao longo dos séculos. Para fortalecer esse princípio, recorro novamente à antropóloga Klock-Fontanille (2016, p. 7, destaques da autora) para quem:

A pesquisa permaneceu muito tempo prisioneira da visão representativo-fonocêntrica (e etnocêntrica) da escrita. Mas quando ela se libertou disso, teve às vezes uma tendência a esquecer uma característica intrínseca da escrita, a saber, que a imagem faz parte intrínseca da escrita, mas que pouco a pouco essa parte da imagem foi gradualmente retirada ou ocultada; mas, ao mesmo tempo, o fonetismo existiu sempre. Mais precisamente, estamos em presença não de dois códigos distintos, mas de um *continuum*, com um código comportando intrinsecamente uma dimensão icônica e uma dimensão linguística (é essa característica da escrita que S. Krämer chama de *Schriftbildlichkeit*).

Krämer, a também antropóloga por ela citada, é enfática em atribuir à assunção do domínio do princípio alfabético um dogma continuamente repetido sem contestação. Submetida à análise antropológica e também à semiótica, a linguagem escrita revela a preservação, desde sua origem, de um caráter imagético, submetido a um processo de asfixia perpetrado por uma visão única e considerada inconteste. Ao fazer a crítica a uma obra na área, Krämer (2016) acrescenta no interior do termo alemão *Schriftlichkeit* a palavra *bild* (imagem) que espelharia melhor a visão de língua escrita como imagem, tal como citara Klock-Fontanille (*Schriftbildlichkeit*).

Klock-Fontanille toma como referência o linguista inglês R. Harris (1931-2015) para defender a tese da abordagem integracional, cujo princípio é o de abranger um conjunto formado por língua, imagens e práticas, porque, segundo esse olhar, esses constituintes não podem ser separados uns dos outros. Nessa abordagem, ela retoma o pensamento do pesquisador a respeito do papel desempenhado pela imagem e, notadamente pelo espaço, na configuração da escrita: "Para o autor [Harris], um elemento essencial de sua abordagem à escrita é a noção de espaço: a escrita é, segundo ele, nada mais do que um meio de usar o espaço para as necessidades de comunicação" (Klock-Fontanille, 2016, p.15). Aqui, me interessa, sobretudo, esse olhar que considera a linguagem escrita e seus constituintes como imagem, os suportes onde são inseridos, a delimitação do espaço com suas funções nos suportes, os sinais, as práticas humanas e seus gestos, tal como registra a autora citada:

> No entanto, em Harris, a escrita forma, assim, um tipo de configuração constituída por um conjunto de elementos, mas não se vê com clareza o que os faz se manter juntos. De nossa parte, propomos considerar a escrita como uma "configuração" e o suporte como um elemento dessa configuração: de fato, a escrita inclui caracteres, uma disposição sintagmática, objetos-suporte, mas também atores e uma estrutura actancial e enunciativa de uma prática da escrita, o todo sendo configurado por uma inscrição em um lugar de enunciação, em uma cena prática. Em consequência, é uma gramatologia integracional que propomos (Klock--Fontanille, 2016, p. 15).

Estão aqui lançadas as bases para análise que desloca para a periferia a abordagem de um só objeto, a linguagem escrita, a fim de reocupar o espaço de atenção em torno de um amplo conjunto, isto é, a linguagem escrita, seus caracteres (não apenas as letras, que deles são uma parte), o modo como ela se dispõe aos olhos de quem a usa, os objetos em que é inserida, exposta, marcada, e suas relações nas trocas socioculturais entre homens e seus atos, seus gestos e a manifestação no cotidiano da vida. Ao analisar o todo, o estudioso não compreende a linguagem escrita como objeto isolado, mas integrado à história viva do homem. Esse é um dos princípios orientadores da análise do *corpus* da escrita pelo aplicativo de mensagens que aqui será feita. O objetivo será o de defender a relevância de estudos em alfabetização que considerem todo esse conjunto que constitui o objeto de ensino e de aprendizagem, notadamente suas manifestações no dispositivo digital *celular* e no aplicativo *WhatsApp* e sua linguagem escrita subjacente, o arquitexto. As análises ao longo do capítulo vão indicar a necessidade de considerar os atos nessas manifestações como atos de *lescrever*, de caráter monista, simultâneos, com identidades preservadas.

Dispositivos digitais e arquitexto

Concebida a linguagem escrita como uma ferramenta antropológica cujos componentes são analisados por olhares oriundos de áreas do conhecimento que formam um espectro largo — antropologia, linguística, semiótica, comunicação, informática, psicologia e educação — e que, em sua gênese e em seu *continuum* histórico, a imagem ocupa função de destaque, é o momento de, com as lentes fornecidas sobretudo pela semiótica e pela comunicação, compreender o processo de *textualização da sociedade* (Souchier, Candel e Gomez-Mejia, 2019), mas antes é preciso compreender a função dos dispositivos e dos aplicativos digitais nesse processo. Para enveredar por esse caminho, é necessário apresentar os conceitos de *dispositivo* e de *arquitexto*, tal como os compreendem Souchier, Candel e Gomez-Mejia (2019.)

A nomeação de um e de outro — dispositivo e arquitexto — atende apenas ao procedimento de análise, porque um e outro estão vinculados como se de um dependesse a existência do outro. Sozinhos nada são, nada valem, não desempenham papel algum ou função nas relações entre os homens. Minha intenção é, ao introduzir o termo *dispositivo*, de o vincular aos celulares, e, em relação a aplicativos, a ênfase será dada ao *WhatsApp*. Para isso, entretanto, julgo necessário fazer primeiramente uma abordagem mais ampla a respeito dessas ferramentas.

Por esse olhar ampliado, é necessário, antes de avançar, entender que as mídias digitais redimensionam as trocas de mensagens pelos celulares:

Conectado à Internet e tornado um verdadeiro pequeno computador de bolso, o celular é um equipamento do cotidiano que desempenha um papel de interface universal com o mundo. A promessa de um ganho de "inteligência" anunciado pela fórmula inglesa "smartphone" valoriza um objeto trivial que funciona como um "canivete suíço" com seus inumeráveis usos. Esses dispositivos são nomeados "telefones", mas a telefonia propriamente dizendo é apenas uma das suas funções arqueológicas (Souchier, Candel e Gomez-Mejia, 2019, p. 74, destaques dos autores).

Na origem, criado como telefone móvel, o celular (*portable* em francês, *telemóvel* em Portugal, *Handy* em alemão, *cell phone* em inglês, *cellulare*, em italiano) transformou-se em *smart* (inteligente), e assim a palavra inglesa *smartphone* designa a ferramenta que estabelece a distinção entre o início e o estágio atual de suas funções sociais. O dispositivo nada é sem seus aplicativos, entre os quais o *WhatsApp*, que preservam a função arqueológica entre os homens, a de assegurar as trocas de mensagens além das ondas sonoras emitidas face a face. Para avançar pelos conceitos, convém fazer uma parada para rever o conceito de ferramenta e em seguida o de arquitexto, sempre com a intenção de os aproximar do núcleo de análise aqui previsto e de seu *corpus*.

Souchier, Candel e Gomez-Mejia (2019) compreendem que o instrumento participa da formação do homem, porque seu uso o modifica, e a sua escolha é, por isso, ideológica. É interessante notar que os estudiosos franceses usam o termo ferramenta (*outil*) e também o termo instrumento (*instrument*) nem sempre com distinções:

> A palavra "ferramenta" é uma palavra habitual para descrever as tecnologias digitais. Assim, é possível pensar o digital a partir de ferramentas que se tem: o computador, o telefone e o *tablet* funcionam como ferramentas, quer dizer, como instrumentos físicos que permitem

cumprir certo número de tarefas. Produzir documentos, comunicar-se com o outro, fazer compras... Os instrumentos digitais servem a tudo isso e o fato de haver esses recursos no cotidiano valida sua utilidade funcional. Entretanto, o fato de "classificar" o digital na categoria de "ferramentas" não é neutro (Souchier, Candel e Gomez-Mejia, 2019, p. 89, destaques dos autores).

Quero entender, com eles, que o *smartphone* é um dispositivo que incorpora aplicativos, apoiados em um sistema codificado de escrita digital. Esse sistema tem uma escrita interna não visível, tornada visível pelos atos humanos de ler e de escrever, e responsável pela textualização da sociedade atual, ao ser acionada por meio do teclado para aparecer na tela. Os aplicativos assemelham-se às bonecas russas de madeira, as *matrioscas*, uma maior que encapsula as menores que não aparecem aos olhos do admirador. Seriam os arquitextos semelhantes às bonecas internas, invisíveis ao olhar de superfície:

> Os *arquitextos* (do grego *arché*, origem e comando) são as ferramentas que regem as operações e as formas do texto na tela. Configurados a partir do código, das linguagens digitais e dos *softwares*, eles permitem a realização de toda atividade mediada por um dispositivo digital. A noção de arquitexto nos convida a repensar as condições de produção da escrita na tela. Essa escrita da escrita integra uma certa concepção do texto, do que nós podemos fazer (ou não) como escreventes obrigados a negociar cada um de nossos projetos textuais diante de escolhas que o dispositivo técnico configura previamente (Souchier, Candel e Gomez-Mejia, 2019, p. 161, destaque dos autores).

A programação interna, a escrita previamente configurada e a configuração de todo o arcabouço do aplicativo condicionam e limitam formatações, mas também oferecem oportunidades, possibilidades de criações textuais acionadas pelo homem que por ela desempenha atos múltiplos, entre eles os de se apropriar de linguagens hibridizadas, palavras-imagens constituídas por caracteres múltiplos e formas diversas, de seus modos de apresentação, dos seus gêneros, de sua circulação e impactos sociais, de suas *pequenas formas*, como apontam os autores citados. O arquitexto, ele mesmo uma escrita, permite que uma outra escrita por ele seja criada e se torne visível na tela. Quem escreve e lê negocia com esse arquitexto as suas formas e seus sentidos, porque não há propriamente liberdade para escrever e ler o que se deseja e como se deseja, nem, frequentemente, no tempo que se deseja ou de que se dispõe. Se escrever e ler pelo aplicativo *Word* exigem concordar com suas formas prefiguradas, do mesmo modo, *Iescrever* por e-mail, ou pelo *WhatsApp*, requer concordância com os termos, com as configurações que organizam, orientam e formatam os enunciados, mas também exige adequação a normas de convivência social e de seus limites.

Diante de uma tela e de um teclado, o homem digitalmente virgem não sabe o que fazer, embora já tenha aprendido a escrever e a ler por outros instrumentos, outros suportes e a usar outros gestos. É preciso passar pelo arquitexto para conseguir realizar os atos necessários para fazer o escrito aparecer diante dos olhos: "Inicialmente definido como 'uma escrita da escrita', depois como um 'dispositivo de escrita escrito', o *arquitexto* se constitui como um ponto de passagem necessário para toda atividade digital" (Souchier, Candel e Gomez-Mejia, 2019, p. 302). Intrigante é a afirmação de que "[...] pela primeira vez na sua história, o homem tem o recurso de 'dispositivos de escrita escritos' específicos para poder praticar uma atividade de escrita" (Souchier, Candel e Gomez-Mejia, 2019, p. 302). É preciso que a este ser debutante em atos digitais sejam apresentados os aplicativos, cujos arquitextos subjacentes forneçam a escrita já incorporada para que seja redescoberta. Mesmo para os seres humanos não virgens, aplicativos ainda desconhecidos oferecem possibilidades, mas, como contrapartida, exigem sua decifração, como esfinge, de seu modo de operar e de seus recursos, para mostrar o que repousa em camada subjacente, pré-programada. Por sua função e configuração, o arquitexto "[...] designa os dispositivos de escrita da escrita e permite assim dar conta dos estratos de significação que presidem toda a produção de conteúdo digital" (Souchier, Candel e Gomez-Mejia, 2019, p. 159).

Os arquitextos dos aplicativos sofrem frequentes atualizações para atender à demanda dos usuários, às mudanças de condutas sociais, para abrir possibilidades de usos e situações não previstas, enfim, para sobreviver aos movimentos intensos e imprevisíveis das relações humanas, como imprevisíveis são os próprios atos humanos que lutam para sobreviver à avalanche de mudanças no reino do digital, dos dispositivos, dos aplicativos e dos arquitextos.

O *WhatsApp* é um aplicativo cujo arquitexto sofreu modificações inumeráveis desde sua origem, em um percurso, desde a partida, mais aberto a possibilidades de comunicação em situações mais restritas e controladas, mas ao mesmo tempo, abre a possibilidade de transição de mensagens do domínio verbo-visual para mensagens híbridas com verbo, som, imagem. A mim interessa ver esse aplicativo como ferramenta para a alfabetização graças a seu casamento com o teclado e a todas as possibilidades que o arquitexto sugere, como as palavras e sua ortografia, as sugestões de sintaxe, as sugestões de regência verbal, os *emojis* e os *emoticons*, e mesmo a inserção de palavras em línguas estrangeiras, pré-escolhidas pelo usuário na configuração do teclado. A análise dessas possibilidades que permitem apropriação da linguagem escrita não alfabética e de suas próprias ferramentas, e que criam novos modos de pensar e usar a escrita, será feita em tópico mais à frente.

Os arquitextos das ferramentas digitais se sintonizam com os suportes, que por sua vez se sintonizam com instrumentos, que se sintonizam com gestos, que se sintonizam com a própria escrita — ferramenta milenar — que, em razão desse movimento, atualiza-se e, ao se atualizar, tende a abandonar sua passagem alfabética pela Grécia, com consequências inevitáveis para as operações intelectuais das crianças pequenas que dela se apropriam. Esse conjunto todo remete para um outro conceito desenvolvido pelos três autores aos quais venho fazendo referência: o de textualização da sociedade.

Textualização das relações humanas

A tela do cinema e a tela da TV criaram a impressão de que a sociedade veria a vitória da imagem e a derrota da escrita. Entretanto, é bom lembrar que a escrita também era imagem desde o princípio, que as palavras e suas configurações nos suportes, conforme seu gênero e necessidade de circulação, também eram imagens, e que o homem a percebia pelos olhos e por ela também compreendia a realidade e as relações humanas. O teclado e a tela do computador, e depois a do celular, retiraram o véu obscuro que vinha recobrindo a natureza imagética da escrita para reposicioná-la como uma ferramenta para atender, por meio dos olhos, às necessidades do homem. Os dispositivos digitais e os arquitextos dos aplicativos revelaram claramente o processo de textualização das relações humanas, não mais pela linguagem escrita submetida aos princípios da linguagem oral e de seus elementos, mas pela sua própria natureza, inscrita em seu próprio interior, a sua natureza de imagem que, em virtude disso, tem sua *pansemioticidade* desvelada.

As cartas, seus envelopes, suas formas, seus papéis, suas tintas, seus traços, suas cores e seus perfumes lançados via caixas de correios em direção a seus leitores também revelavam um conjunto semiótico, uma fusão de sentidos, lamentavelmente pouco percebidos. O arquitexto do *WhatsApp* integralizou esses elementos a seu modo.

Com esse movimento deu a sua contribuição para a textualização das relações humanas:

> Os editores dos arquitextos participam do que nós podemos chamar "a textualização das práticas sociais" (E. Souchier, 2012). Eles fornecem os modelos, os formatos e as rotinas padronizadas para escrever na tela. Em outros termos, se você quer se comunicar, você está irremediavelmente ligado ao dispositivo. Sua expressão depende do arquitexto: na tela, você não é o único enunciador, você está sempre acompanhado pela enunciação do arquitexto, de sua "voz", de suas "escolhas" (Souchier, Candel e Gomez-Mejia, 2019, p. 162, destaques dos autores).

Na mesma esteira dos *e-mails* via computador, os aplicativos de troca instantânea de mensagens via celulares vieram para mudar radicalmente modos, costumes, formatações, escolhas de signos, abreviações, abreviaturas; incluíram abundantes imagens iconográficas, mudaram os olhares, os passos, a posição do corpo, as relações íntimas, induziram a controles, ao uso de senhas, ao uso dos dedos para desbloquear o dispositivo pelos traços digitais personalizados. Isso, entretanto, é ainda pouco para compreender a reviravolta dos costumes promovidos por esses aplicativos, e, no Brasil, notadamente pelo *WhatsApp,* responsável pelo crescimento do que poderíamos chamar, observando a conceituação dos autores aqui referenciados, de textualização do cotidiano das relações humanas no Brasil. Uma abordagem rápida desse processo revela apenas o lado visível de tudo isso, o aspecto superficial, o que aparece na tela provocado pelo usuário, mas uma observação mais profunda revela que a textualização está organizada nas camadas internas do arquitexto, na escrita que recebe a escrita, nas *matrioscas* internas, para recuperar a metáfora que venho utilizando. Ali, nas camadas profundas, o usuário aciona o teclado para fazer surgir diante dos olhos o que estaria em aparente repouso, previamente formatado, porque "[...] a tela estrutura o espaço de correspondência segundo as modalidades predefinidas herdadas da história das formas nas quais o usuário tem apenas margem de manobras relativas" (Souchier, Candel e Gomez-Mejia, 2019, p. 242).

Os homens das gerações nascidas no século XX pela revolução das relações e dos costumes promovidos pelo uso das mídias, e entre elas os aplicativos de redes sociais, ainda guardam vestígios de um cenário de relações mantidas por e-mail ou pelo velho *Orkut*. Os nascidos no século XXI, adolescentes na segunda e adultos na terceira década, não carregam marcas nem percebem esse grandioso processo de textualização. Para eles, as práticas cotidianas sempre foram altamente textualizadas, entretanto, esse fenômeno é recente:

> Um tal fenômeno de 'textualização' participa da relação que as mídias digitais mantêm com a escrita. Se se considera o fato de que não há uma atividade social — do nascimento à morte — que não seja atravessada pelo 'digital', então nós participamos do mais amplo movimento de textualização da história que consagra a metamorfose das relações que o Homem mantém com seu meio ambiente e seus semelhantes (Souchier, Candel e Gomez-Mejia, 2019, p. 54).

O conceito de *metamorfose*, muito utilizado pelos franceses, revela o núcleo processual dessas mudanças, porque não se trata mesmo de substituição de costumes, de escritas, mas de transformação de tecnologias, de suportes, de modos de circulação da escrita, de sua natureza (de alfabética para semiótica, mais abrangente), de seus instrumentos, e de uma invenção, isto é, princípio do arquitexto. É esse princípio organizador e controlador, de um lado, e descentralizador, de outro, que faz operar a textualização das práticas sociais, porque os "[...] *arquitextos* são os 'instrumentos de escrita escritos' que comandam a execução e a realização do texto na tela. Ora, eles apresentam igualmente a particularidade de *textualizar a prática social*" (Souchier,

Candel e Gomez-Mejia, 2019, p. 321, destaques dos autores). O conceito de metamorfose se aplica também ao caráter geral desse processo de textualização das práticas cotidianas porque se ampara, segundo os pesquisadores citados, em duas práticas anciãs — contar histórias por meio da escrita, inscrevê-las em suportes e fazer que rolem em direção ao outro, isto é, que sejam vistas, portanto, lidas. Esse é o princípio que sustenta as mensagens pelo *WhatsApp* — uma narrativa rápida, com enunciados inteiros ou segmentados, a critério do enunciador, e a provocação para que sejam lidos, acionada por um toque sonoro ou alerta gráfico. A textualização se apoia, desse modo, na metamorfose das mesmas manifestações humanas com a escrita, agora retomada com a revalorização de seu caráter imagético posto para adormecer ao longo dos séculos. Para os autores referenciados acima:

> O processo de textualização toma emprestado então dois esquemas antropológicos fundamentais: *contar histórias e as oferecer a ler e a ver*. Nós assistimos assim ao mais amplo movimento de textualização das práticas sociais que o homem já tenha conhecido. Também estamos a partir de então inscritos em uma verdadeira "sociedade do texto" (Souchier, Candel e Gomez-Mejia, 2019, p. 322, destaques dos autores).

O fato de eles afirmarem que as histórias são lidas e vistas é revelador de uma concepção de escrita que se fundamente, desde sua criação, na percepção do olhar, porque *ler* sempre foi fundamentalmente *ver* e, na sociedade textualizada, cujas práticas de relações são mantidas pelos textos híbridos — palavra-imagem e imagens propriamente ditas —, é preciso saber ver a escrita que se digita, a digitada, que sai de dentro da escrita digital (Bouchardon, 2017) do arquitexto. Mas o ato de ler se articula ao de contar, portanto, ao de escrever. O ato de escrever é também ele mesmo um ato que lida com a escrita híbrida: escrevem-se palavras-imagens articuladas às imagens propriamente ditas. Portanto, escrever e ler, e ler e escrever, se dão simultaneamente nas imagens visíveis nas telas dos dispositivos formatadas por "pequenas formas" (Souchier, Candel e Gomez-Mejia, 2019) que seduzem, dirigem, provocam, avisam, determinam os olhares dos usuários e, em virtude disso, os formam e os (trans)formam.

Para o investigador da alfabetização, interessado em compreender essas transformações das práticas sociais textualizadas, é preciso tomar como referência "[...] a importância que há em analisar claramente as configurações escritas e textuais que constituem a base de nossas práticas de comunicação cotidianas" (Souchier, Candel e Gomez-Mejia, 2019, p. 55). Para encetar essa análise, é necessário rever os atos de ler e de escrever sob a luz dessas práticas, agora metamorfoseadas, e compreender esses atos como de *lescrever a leiturescrita*, apoiados no conceito de *lettrüre* (Souchier, 2015). Aprofundarei um pouco mais esses conceitos, já apresentados precedentemente.

Lescrever

Os atos culturais de escrever e de ler — incontáveis, porque dependem das intenções dos seres humanos e dos variados suportes e instrumentos de inscrição — desenvolveram-se pareados, mas guardando relativa autonomia entre si, uma vez que, ao ler, o homem se encontra com a escrita já inscrita no suporte, mas, ao escrever, é obrigado a recriá-la, materializá-la, objetivá-la. Por um, ao ler, cria sentidos no encontro com sentidos do outro; pelo outro, ao escrever, cria sentidos e os endereça ao outro. Duas operações distintas com o mesmo conjunto de artefatos, a linguagem escrita, fundida a suportes e a instrumentos em operação de geração de sentidos.

A invenção da tela digital nos computadores introduziu outros movimentos corporais: o homem começou a escrever não mais com a cabeça inclinada sobre o suporte, mas olhando horizontalmente para ele, como sempre fez o professor diante de sua imensa tela escura: o quadro-negro. Com a criação das funções e dos aplicativos do aparelho digital móvel e nômade — o *smartphone* —, a tela não mais permanece em posição fixa diante dos olhos, nem o corpo se mantém em uma única posição, nem os dedos fazem os mesmos gestos, nem os olhos ficam permanentemente focados em um só lugar. Todo o conjunto — e com eles as intenções de quem escreve e de quem lê — se torna instável em todos os aspectos. Resultantes desse conjunto de mudanças, os atos de ler e de escrever também não se manifestam do mesmo modo, nem suas distinções, antes tão claras em outros suportes, mantêm-se. Há uma fusão perceptível que levou os pesquisadores franceses a usar, para a leitura na tela do *smartphone*, o termo *lettrüre*, recuperado do francês medieval, que se opõe a *literacy/littératie/letramento/literacia* dos tempos que correm:

> Nós preferimos, todavia, o termo *lettrüre* naquilo em que ele convoca, sob um mesmo vocábulo, a atividade dual e conjunta de *leitura* e *de escrita*. Ora, esse termo nos permite dar conta precisamente da especificidade das práticas de escrita e de leitura que caracterizam as mídias digitais. Para um público francófono, o termo *lettrüre* oferece também a vantagem de denotar claramente a natureza dessa dupla atividade de leitura e de escrita que ele etimologicamente contém (Souchier, Candel e Gomez-Mejia, 2019, p. 316).

Esses dois atos nas mídias digitais, especialmente nos teclados, nas telas e nos aplicativos de mensagens, solicitaram também no português brasileiro um termo que pudesse se equiparar ao conceito de *lettrüre*, historicamente recuperado pelos franceses, como afirmam: "Nós escrevemos por um teclado e nós lemos por uma tela. A articulação desses dois dispositivos simboliza a quase totalidade das atividades que nos envolvem com as mídias digitais" (Souchier, Candel e Gomez-Mejia, 2019, p. 316).

O que fazem as crianças quando manipulam celulares dos adultos para jogar, acessar seus canais preferidos no *YouTube*, seguir seus influenciadores digitais ou conversar com pais e avós pelos aplicativos de mensagens? Leem e escrevem sob as condições impostas pelos arquitextos, pelos *templates*, com gestos, olhares e intenções pouco controláveis pelos adultos que antes estavam acostumados a controlá-los. Teclado virtual desdobrável em outros, graças ao arquitexto, as pequenas formas que conformam a tela fixamente ou que aparecem e desaparecem de modo fugaz dão contornos a esse novo ato metamorfoseado, resultante dos tradicionais ler e escrever, vinculados aos suportes antes conhecidos, mas que continuam a encontrar seu espaço no cotidiano da vida. Esse conjunto se manifesta desse modo, porque:

> Na realidade, minha atividade é um pouco mais complexa porque eu me situo permanentemente em uma configuração dual escrita-leitura, de *lettrüre*. Se eu leio na tela, minha prática de escrita está focalizada nos teclados ou no espaço que é reservado à superfície das telas táteis como dos *smartphones* ou dos *terminais táteis*. Mas quando eu escrevo no meu teclado, eu estou igualmente mergulhado em uma atividade de leitura. Eu leio as teclas dele como também os signos conexos, como eu posso ser levado a ler as instruções na tela (Souchier, Candel e Gomez-Mejia, 2019, p. 24-25).

A *lettrüre* entre os franceses e o *lescrever* no Brasil seriam atos culturais a serem ensinados, porque seriam os atos de ler e de escrever em telas, de longe o suporte mais utilizado no cotidiano da vida nos anos 2020. É da escola como instituição social esse papel, porque esses atos correspondem ao conceito já clássico de alfabetizar: "Dito de outro modo, uma atividade necessitando de uma aprendizagem que se inscreve em um quadro social específico, o da escola" (Souchier, Candel e Gomez-Mejia, 2019, p. 41). Não seria a sua função a de ensinar a linguagem escrita como um objeto apartado de tudo e de todos os outros objetos, mas a de ensinar os atos culturais de *lescrever* que incluem intenções, suportes, ferramentas, linguagem digital, hibridizada, gestos, *templates*, como um objeto múltiplo, com várias faces e ao mesmo tempo totalizante, porque seria impossível fugir de sua sempre função: a de ensinar a metamorfose da escrita e dos seus agregados, uma vez que: "A chegada do digital mudou radicalmente o jogo. Se as mídias digitais são as mídias de *lettrüre*, convém, todavia, se perguntar de que natureza precisa são as relações que elas mantêm com a escrita" (Souchier, Candel e Gomez-Mejia, 2019, p. 46). Basta que *lettrüre* seja substituída por *lescrever* e teremos a mesma desafiante situação diante de nós no Brasil.

Corpus: *prints* de tela

Os quatro *prints* de tela a seguir, apresentados e analisados, resultaram de um projeto de extensão e de pesquisa por mim coordenado em 2018 em uma instituição social de proteção à criança em situação de risco em uma cidade no interior de São Paulo. O objetivo era, em turno diverso do da escola frequentada pelas crianças, promover trocas de mensagens em um grupo de *WhatsApp* para que se apropriassem da linguagem escrita, das ferramentas do aplicativo e de todas as "pequenas formas" (Souchier, Candel e Gomez-Mejia, 2019) visíveis derivadas da invisibilidade dos arquitextos.

As quatro telas selecionadas expõem os diálogos que um aluno (Mário, 8 anos, nome fictício), em processo de alfabetização, manteve comigo. Na primeira tela, faço apontamentos a respeito da formatação, com o intuito de demonstrar que a criança não se apropria simplesmente da linguagem escrita alfabética, mas pratica os atos de ler e de escrever, o ato de *lescrever* em uma tela multissemiótica, com ícones e caracteres de natureza múltipla, em uma tela plena de signos que formam um grande conjunto sígnico. Nas três telas seguintes, a análise se dirige predominantemente para a possível aprendizagem da linguagem escrita nos enunciados dos diálogos, na relação íntima entre intenção, teclas, telas, caracteres visíveis e no arquitexto invisível, que garante a visibilidade das intenções e fornece dados imediatos para a criança. As análises terão como referência os conceitos discutidos nos tópicos precedentes e, ainda, os princípios que explicitam o conceito de enunciado concreto no processo de diálogo das relações humanas em situações concretas de vida, segundo Volochinov (2010).

A primeira tela

Imagem 1 — *Print* de tela 1.

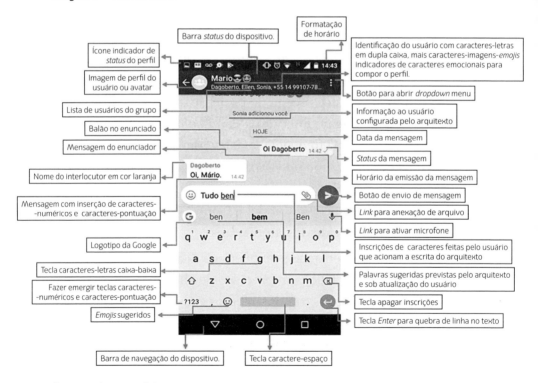

Fonte: arquivo pessoal do autor.

As setas inseridas não são suficientes para apontar todos os ícones, todos os caracteres, todos os signos e todas as formas expostos na tela do aplicativo *WhatsApp* em um celular, de modelo relativamente simples, como eram os do aplicativo em 2018. Na faixa mais verde-escura há, à esquerda, informações de notificações do que pode ser visto, mas que repousa à espera de recuperação pelo usuário, caso queira. Do lado direito, informações a respeito de dados do próprio dispositivo: conexão *Wi-Fi,* carga de bateria, alerta acionado e outras. Todos esses dados icônicos são necessariamente lidos pelo usuário — e pela criança que se alfabetiza — para evitar o apagão do aparelho, verificar sua agenda, sua conexão, as informações disponíveis.

É preciso ter múltipla atenção: ver/ler/decidir/regular. Na faixa de uma cor verde menos escura há a referência permanente do nome do aprendiz, em dupla caixa, com a maiúscula em sua função específica. Os ícones ao lado do nome, indicação de seu estado de espírito, funcionam como complemento, como um sobrenome, e, logo abaixo, os nomes de alguns dos interlocutores do grupo. Todos esses dados se dão a ver, mas já estavam previstos na programação do arquitexto que os formata: o usuário obedece a essa formatação, aciona botões, *lescreve,* vê os componentes do grupo e dá visibilidade aos caracteres e a sua composição na tela. A formatação informa e forma o homem no processo de textualização, usuário do dispositivo e do aplicativo de trocas de mensagens, porque: "Um *software* de e-mail não é unicamente uma ferramenta de redação, de envio, de recepção e consulta de e-mail, mas geralmente um *software* que normatiza a escrita dando a ela uma certa aparência e partindo de uma certa lógica" (Souchier, Candel e Gomez-Mejia, 2019, p. 178).

Os nomes na tela, o enunciado "Sonia adicionou você", em dupla caixa, a marcação temporal "HOJE", em caixa-alta, o início do diálogo nos balões e a permanência do nome do enunciador no balão para indicar a fala dão mostras da textualização das práticas cotidianas e de como os homens — neste caso eu e um aluno de 8 anos — estabelecem relações imediatas por meio dos enunciados emoldurados por um conjunto de dados também fundamentais nesse processo intenso de *lescrever*. Se em "Oi Dagoberto" há somente caracteres-letras, "Oi, Mário." dá à criança a visibilidade de outros caracteres — a vírgula, o espaço, o ponto-final, o caractere-letra **á** (Mário) distinto do caractere-letra **a** inserido na palavra *Dagoberto*.

Orientado pela bolsista durante os poucos minutos em que se dedicava a trocar mensagens, Mário tocava as teclas visíveis para acionar a programação do arquitexto e toda a sua formação, sem que a conhecesse. Havia, certamente, um imenso banco de palavras e de caracteres previamente configurados, mas o aplicativo se abria para incorporar o novo e alterar, respeitando seus limites, a programação do arquitexto. Três opções de palavras foram oferecidas pelo aplicativo — ben/bem/Ben — para a escolha da criança, com a sugestão mais incisiva em negrito — **bem** —, mas a decisão depende do seu saber; não sabendo decidir, há o lugar para o ensino, para a ação docente, e, no caso do *corpus* em análise, da bolsista que a acompanhava e a ensinava a lidar com todo o conjunto mostrado na tela, suporte em que a escrita era apenas mais um dado a compor um complexo quadro sígnico, previamente normatizado, mas que oferecia as entradas para o novo, para a criação, para a intenção da criança, para o transbordamento de algumas formas:

> Como toda gramática, as formas industriais compõem uma normatização do texto, elas exercem uma determinação e uma pressão, talvez orientem as práticas de uma maneira massiva em direção a produções repetitivas ou padronizadas; mas elas são igualmente portadoras de capacidades operacionais, expressivas e criativas para os usuários que, frequentemente, as transbordam pelos seus usos e exploram as combinações potencialmente infinitas que eles podem abrir (Souchier, Candel e Gomez-Mejia, 2019, p. 185).

Esse conjunto de ícones e de caracteres visíveis que acompanham e preparam o ambiente da tela, atualizados para receber as palavras que saem das camadas mais profundas e invisíveis, são o que os autores franceses de minha referência consideram as "pequenas formas":

> *As pequenas formas* são unidades pré-fabricadas de escrita, frequentemente modeladas pela evolução dos arquitextos de concepção de sites e de gestão de conteúdos. Por isso, o aspecto das *pequenas formas* evolui em função da atualização dos *softwares* e de novas versões de interfaces de plataformas, mas também seguindo as explorações e tendências profissionais do *design* editorial (Souchier, Candel e Gomez-Mejia, 2019, p. 318, destaques dos autores).

Nessa camada mais profunda, invisível, constituída pelo arquitexto, repousam os caracteres à espera de provocação por intenções, dedos e teclas. A criança que se alfabetiza não precisa desenhá-los: estão prontos em repouso sob as teclas virtuais visíveis. Assim foi feita a operação com a composição de caracteres da palavra *Mário* e da palavra *Dagoberto*, oferecidas pelo aplicativo ao usuário, que poderá repetir a ação na próxima tentativa de registro, sem que tenham de ser acionados todos os caracteres na exata ordem das palavras, desde que a situação extraverbal (Volochinov, 2010) auxilie na indicação da composição do enunciado. Percebida a intenção, o arquitexto oferece os caracteres convencionais, na ordem convencional, e as palavras completas para escolha e decisão do usuário que as vê/lê para escolhê-las e para inscrevê-las. O ato complexo é então o de *lescrever* rapidamente, porque a sua referência não será, como na tela do papel A4 ou do caderno, os elementos da língua oral, mas a própria linguagem escrita composta por caracteres.

Essas operações se deram quando Mário ensaiava inscrever "Tudo bem". O caractere inicial já fora previamente determinado em caixa-alta; o espaço fora sugerido pela bolsista; da palavra *bem* foram oferecidas três formas (*ben, bem, Ben*) inconclusas à espera da decisão e das intenções do aprendiz. O invisível e o visível e suas formas se esfregam em virtude das intenções e dos olhares de quem lida com o aplicativo para escrever as mensagens e, desse modo, promovem a textualização das relações humanas:

> Disso vêm a escrita e a imagem do texto como vem a percepção de todo objeto cotidiano. Elas se deixam ver e nós as podemos apreender por meio de sua matéria e de suas formas — e o *design* desempenha um papel essencial. Dito de outro modo, a escrita como todo objeto ou dispositivo de comunicação se deixa ler em primeiro lugar por meio de sua *forma* material. E é por isso que a escritura nos in*forma* pela sua própria *forma*. E é por isso igualmente que ela nos *forma* porque através dela nós aprendemos e apreendemos o mundo no qual vivemos (Souchier, Candel e Gomez-Mejia, 2019, p. 37, destaques dos autores).

O objeto de referência para a aprendizagem, como é possível ver na tela 1, não se situa fora das formas visíveis, isto é, no reino dos segmentos da oralidade, mas nos caracteres e nos ícones já preparados pelo arquitexto, alguns visíveis, que conformam a tela em cores, definem espaços, dão informações e orientam o uso, outros invisíveis, acionados pelos toques de dedos, polegares ou indicadores, nas teclas. Para os estudiosos franceses, o gesto e sua relação com o que chamam signo de transição (*signe passeur*) não são simplesmente gestos: "O gesto que consiste em 'clicar' sobre sinal de transição não é um gesto puramente funcional; é um ato de 'leitura-escritura' em si mesmo" (Souchier, Jeanneret, Le Marec, 2003, p. 23). O teclado virtual não é propriamente um só teclado, ao contrário, são variados e múltiplos, que podem ser vistos a cada toque na tecla indicadora de seu desdobramento, do sinal de transição, do signo de passagem. Os teclados podem ter a aparência do teclado físico, mas somente guardam essa aparência inicial, porque incorporam painéis de caracteres os mais diversos — pontos, letras,

LINGUAGEM ESCRITA E ALFABETIZAÇÃO NA ERA DIGITAL 187

espaços, ícones, traços —, na verdade, um mundo inimaginável de imagens, já que caracteres são sempre imagens que desafiam o usuário a compreendê-los. Os caracteres são lidos e inscritos, retirados do fundo dos arquitextos, cujas 'pequenas formas' são posicionadas para construir as relações humanas textualizadas, uma vez que "[...] as *pequenas formas* antecipam as escritas coletivas e participam por isso da dinâmica geral da 'textualização das práticas sociais' na Internet" (Souchier, Candel e Gomez-Mejia, 2019, p. 318, destaques dos autores).

Segunda e terceira telas

Imagem 2 — *Print* de tela 2.

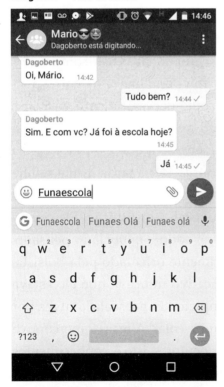

Fonte: arquivo pessoal do autor.

Imagem 3 — *Print* de tela 3.

Fonte: arquivo pessoal do autor.

Nessas telas restantes, dirijo minha atenção para os enunciados trocados e para o que a troca de mensagens anuncia. Vou me apoiar, ao comentá-los, em Jakubinskij (2012) e Voloshinov (1981). O enunciado que anuncia uma mensagem em vias de aparecer na tela: "Dagoberto está digitando...", apoia-se na tradição das didascálias das peças teatrais que indicam, antes da fala dos atores, o que virá ou o modo como o personagem deve se movimentar ou falar. Aqui, o arquitexto do aplicativo recupera essa tradição e anuncia ou avisa para o interlocutor que o enunciador está montando seu enunciado, sem que seja visto por inteiro. O interlocutor espera ansioso a visão do enunciado e sua composição gráfica. Prepara-se para ler, não sem antecipar possíveis dados, não sem levantar hipóteses, não sem deixar um outro enunciado — respostas ou não — na ponta dos dedos.

O enunciado: "Sim. E com vc? Já foi à escola hoje?", escrito por mim, apresenta dois dados a destacar. O primeiro é o uso da abreviação de *vc* com o intuito de acompanhar o uso comum nos diálogos pelo aplicativo e, com isso, romper a lógica da correspondência fonema/grafema entendida como necessária para ensinar e para aprender a escrever. O segundo revela o papel de cumplicidade entre os interlocutores, porque eu sabia que ele iria à escola pela manhã e à instituição social *Amor de Mãe* à tarde. Daí a minha pergunta direcionada para a escola, porque sabia que ele estava dialogando comigo desde o segundo local, a instituição. Ele confirma: "Já", sem a necessidade de redigir todo o enunciado pensado: "eu fui para a escola hoje", possivelmente orientado pela bolsista, porque o banco de palavras do aplicativo indicava que ele estava ensaiando escrever o enunciado completo "Funaescola", talvez por receber essas orientações no ambiente escolar. A massa aperceptiva (Jakubinskij, 2012) comum entre interlocutores, isto é, conhecimentos comuns a respeito de um tema, reduz o número de palavras inscritas sem que sejam perdidos sentidos. Elas, as palavras, funcionam apenas como detonadoras dos sentidos comuns, portanto, nem tudo o que é planejado no rascunho mental necessita ser escrito para ser compreendido:

> Nós compreendemos e percebemos tanto melhor a palavra do outro em uma conversação quando mais nossa massa aperceptiva tem algo em comum com aquela do nosso interlocutor. É por isso que a palavra do nosso interlocutor pode ser incompleta e bem alusiva; e, inversamente, mais importante é que quanto mais há diferença entre as massas aperceptivas dos interlocutores, mais a compreensão é dificultada (Jakubinskij, 2012, p. 119).

Essa cumplicidade vai se revelar quando pergunto se ele brincara com os amigos lá, na escola, como se vê na terceira tela. Ao ler a palavra "Não" (14:47). na posição de interlocutor, não aguardei o complemento, do mesmo modo como não aguardei a informação anterior esboçada no banco de palavras e já fiz nova pergunta, abusando da cumplicidade "E no Amor de Mãe?" (14:48). Essa cumplicidade se deve ao que há em nossas massas aperceptivas, como conceitua Jakubinskij (2012, p. 115):

> A presença de uma estimulação verbal não é então suficiente para o que se chama de percepção e a compreensão da palavra. Nós devemos pensar a "mesma coisa" do que nos é dito: nós devemos tomar ao menos uma posição neutra em relação ao enunciado percebido. O grão de estimulação verbal externo deve cair em um terreno preparado; somente neste caso ele poderá germinar.

Embora o diálogo com poucas palavras, as necessárias para a mútua compreensão, tivesse sido inscrito na tela, a rapidez com que eu provoquei os caracteres para que viessem das camadas profundas do arquitexto não respeitou o tempo de Mário, nem a sua intenção. A sua resposta dada a minha pergunta não mais correspondia ao que fora escrito antes. Eu agi como se estivesse em diálogo face a face, não mediatizado pela escrita. Mário, de seu lado, pensava em escrever e, com a ajuda da bolsista, respondeu: "Estou de castigo" (14:48). O enunciado completo seria "Não brinquei na escola porque estou de castigo". Esse enunciado não faz referência à instituição "Amor de Mãe", à qual eu me referia, porque ele tinha quebrado o copo na escola oficial que frequentava pela manhã. Os diálogos nas mensagens instantâneas se misturam e quem os separa é quem os *lescreve*.

A bolsista orientou a observação do menino em relação à forma gráfica do pronome interrogativo e da conjunção de causalidade, distintas na grafia e no sentido, semelhantes na prosódia. Mais uma vez a escrita demonstra ter leis próprias para estabelecer distinções no que a pronúncia não distingue. A criança que não toma a própria escrita como referência cai na armadilha de grafar o que ouve, tal como sempre foi orientada em salas de aula. O arquitexto do aplicativo é um recurso notável como referência a um objeto criado para ser visto. Com a ajuda da bolsista, Mário observa que entre o artigo *o* e o substantivo *copo* há um outro caractere — o espaço. Novamente, a oralidade atrapalha, porque não registra pausa entre uma palavra e outra.

Ler e escrever se fundem para se tornar um ato complexo: *lescrever*. Os caracteres de toda a ordem são vistos: letras, espaços, pontos, figurinhas, tamanho dos balões e cores dos balões que caracterizam o papel do enunciador e de seu outro, disposição não linear nem sequencial dos diálogos, inscrição e correção; tudo isso compõe o objeto de ensino e de aprendizagem na alfabetização.

Apesar de o arquitexto já ter seu banco e incorporar novas formas de escrita, ele não dá conta de ser toda a referência possível. Há o lugar insubstituível do professor que ensina, que ajuda a escolher, que auxilia nas decisões, que explica e argumenta. Nem sempre o arquitexto consegue entender a escrita sugerida, porque as dificuldades da criança se apresentam como escolhas rebeldes diante do previamente formatado. A criança desnorteia a previsibilidade do aplicativo que não sabe o que oferecer, como está em *Funasescola Funaes Olá Funaes olá* (tela 2) e *ocopo o oposto o oponente*. Novamente, há a importância do ensino ministrado pelo professor, pela bolsista para observar nas escritas a dupla caixa com dupla função: nome próprio e início de enunciado após ponto-final; a função do ponto de interrogação; e de apontar que a forma das palavras informa como as formas graficamente distintas de *por quê* e *porque* informam.

A quarta tela

O desfecho do diálogo na tela mais adiante inclui caracteres e um *emoji* indicador de tristeza: "E qual é o castigo" (14:52) "Não brincar" (14.53), seguidos de onomatopeia inscrita por mim; de uma pergunta na aparência física, em virtude do ponto de interrogação "É?", que revela confirmação com indicação de não concordância em relação ao castigo recebido, ao incluir uma nova pergunta sem o ponto que a caracteriza. Mesmo assim, não perde a sua natureza indagativa. No *WhatsApp* são comuns enganos, supressões e correções inusitadas feitas pelo aplicativo, conforme previsão do

Imagem 4 — *Print* de tela 4.

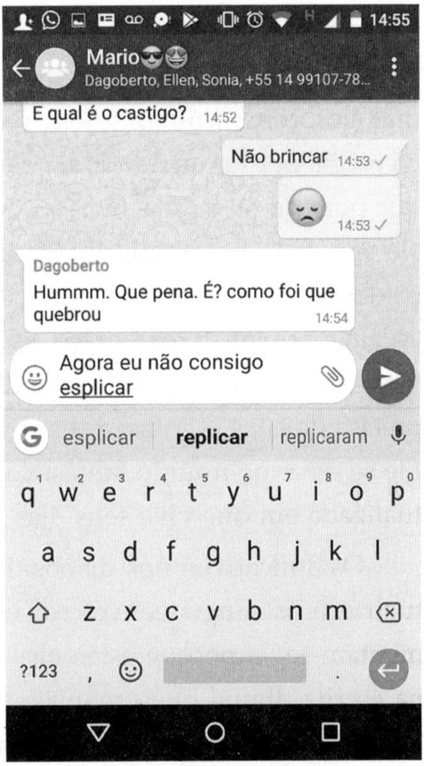

Fonte: arquivo pessoal do autor.

arquitexto. Por isso, há uma atitude recente diante desses enganos — a tolerância —, nem sempre admitida em outros enunciados, em outros suportes, em outras situações de circulação. Essa atitude de tolerância também é desenvolvida pelo aluno que se alfabetiza.

O enunciado de resposta à minha indagação sem a marca de pontuação foi flagrado pelo *print* da tela ainda em elaboração, antes de ser remetido. A palavra "esplicar", inserida por Mário, desnorteia a programação do arquitexto que, por isso, sugere "replicar" ou "replicaram", mas recomenda com mais contundência **"replicar"** marcada em negrito, porque é, do ponto de vista sintático e mesmo de construção de sentidos, a que melhor preencheria a sequência do enunciado. Novamente, ao lado da criança, é a professora quem mais sabe, que a informa e a auxilia a tomar a melhor decisão de acordo com a sua intenção.

Resta, por fim, a mim, como interlocutor de Mário e analista dos diálogos, compartilhar de sua tristeza por ter sido proibido de brincar na escola por ter quebrado inadvertidamente um copo de vidro, com que poderia ter se machucado. Ao *lescrever* comigo e com a bolsista, ele aprende um amplo leque de dados: gestos, escolha de caracteres-letras, escolha de caracteres-ícones, escolha de caracteres-pontos, escolha de caracteres-espaço, escolha dos sentidos a construir para manter vivo o diálogo, a trança de enunciados não ordenados, a hora precisa de suas escritas, a sensação da espera e a satisfação da troca. Ele se sente no mundo fantástico da escrita digital, na sociedade textualizada em que vive seus dias de infância.

Os aplicativos nos dispositivos digitais, responsáveis pela textualização da linguagem escrita em permanente metamorfose, fundamentam-se — porque estão eles no mesmo processo de mutação — na escrita digital que organiza, formata, prevê e dá condições para a inscrição da escrita digital visível nas telas, e que orienta, regula, controla, pelos arquitextos, as relações de práticas textualizadas.

Não há razão para se falar em alfabetização ou letramento digital quando o professor ensina uma criança a *lescrever* e ela se alfabetiza pelos aplicativos digitais. Os atos herdados dos séculos precedentes, nascidos em cenários em que a escrita era considerada alfabética, inscrita e lida no papel-tela com os dedos entrelaçados e com olhos obedientes ao traçado de linhas de esquerda-direita, tornam-se pouco a pouco, ou mais e mais, obsoletos e, por isso, vão se juntar aos atos históricos não distantes (porque eu os vivi) de escrever com pena e tinta, de usar mata-borrão e de pronunciar sílabas e palavras ocas. Esse conjunto de atos metamorfoseados solicita outras atitudes, outros modos de escrever e de ler, ou um monismo dos dois atos, sem que suas identidades sejam destruídas. Assim se compõe o *lescrever*.

Em virtude de os conceitos de alfabetização ou de letramento ou alfabetização-letramento se apequenarem diante da complexidade das metamorfoses, há a demanda por outros conceitos que reflitam melhor a apropriação dessa linguagem escrita digital e de todos os comportamentos, gestos, suportes e modos de circulação que a escoltam. Esses comportamentos se afastam da concentração monoatenta para aproximar-se de mentes infantis poliatentas, que pensam rápida e semioticamente. A alfabetização, ou o nome que se der a isso, entra também em uma outra fase: a de apropriação de um vasto conjunto sígnico provido de múltiplos sentidos que tem o *outro* como referência intrínseca aos atos de *lescrever*. Quando clico nas abas *Revisão* do *Word* e na *Contar palavras* para avaliar o tamanho deste livro, não encontro quantidades de letras, mas de caracteres com ou sem espaço. São eles, sempre imagens, os elementos que dão visibilidade ao texto diante de seus olhos, leitor.

Conclusão

Possivelmente, ao ler o último capítulo, o leitor, em sua linguagem interior, comentaria para si mesmo, seu próprio outro: *Faltaram indicações de prática*.

Tenho lidado com teoria e prática no campo da alfabetização desde 1985. Esse par, aparentemente sempre em divórcio, esteve continuadamente presente nos meus encontros de formação de professores alfabetizadores em salas de aula do curso de Pedagogia da Unesp de Marília, desde 1989, ou em encontros de formação durante o meu próprio trabalho em escolas, em órgãos de gestão ou em eventos científicos.

Desde os tempos de professor da educação básica, eu acompanhava os comentários do jornalista de economia Joelmir Beting em torno de sua obra *Na prática a teoria é outra*, um *best-seller* na economia nos anos 1970, anos mais terríveis da ditadura com Médici e do fechamento do Congresso por Geisel. Essa expressão de senso comum que fornecia o conceito para o título do livro seria combatida vigorosamente na educação pelos estudiosos brasileiros no campo da Pedagogia, com destaque para o campo da Didática. O título, na essência, não fazia mais do que cristalizar em uma obra, também de apelo popular, o que era dito nas conversas de calçadas e mesas de botequins.

Pelos corredores dos cursos de Pedagogia que tomavam como referência estudiosos de orientação marxiana, o contraponto a essa expressão popular, e por isso mesmo extremamente repetida, passou a ser: *A teoria na prática é a mesma*, acompanhado da argumentação de que toda prática pedagógica tem, como referência, uma teoria. A resolução do problema estaria no conceito de alienação, isto é, o professor aplicaria práticas fornecidas por outros que não as construídas por ele: autores de livros didáticos, formadores práticos, colegas, cadernos de alunos de anos anteriores, e mais recentemente, a partir dos anos 1990, coleta de aulas prontas em *sites* e *blogs* na Web. Ao professor sobraria tão somente o papel de executor de práticas planejadas por outros que talvez também não tivessem noção, teoricamente, do que sugeriam, porque alienados também se encontravam.

Essa argumentação, convincente em tese, não conseguia nem consegue ainda convencer os professores que, por força das circunstâncias do trabalho na educação, aportam em salas de alfabetização. Não me canso de ouvir, a cada geração de estudantes no curso de Pedagogia, a mesma expressão em que a prática se descola da teoria, com ligeiras modulações construídas principalmente em encontros entre estagiários e professores experientes. Frequentemente, ouço os estudantes dizerem que a professora experiente comenta que na faculdade ensinam apenas teoria, mas que na prática isso não funciona. Entre teoria e prática, esses estudantes acabam por optar pela prática por eles observada em salas de aula, porque será dali que vão mesmo retirar os comportamentos que porão em prática nos anos seguintes.

Li em Paulo Freire, já não me lembro onde, comentários a respeito de um episódio muito divulgado a respeito de um professor alfabetizador que dizia ter 28 anos de experiência, dado que o legitimava como um profissional que não alteraria sua prática somente por ouvir formulações teóricas de um teórico como ele, embora reconhecesse suas atividades práticas no Brasil e fora dele. Freire, em resposta, disse que, na essência, seu interlocutor tinha apenas um ano de experiência, porque os outros 27 teriam sido repetição do primeiro ano, caso ele não tivesse, ano a ano, refletido sobre sua ação e a transformado para atender às necessidades fundamentais da alfabetização de seus alunos. O pensamento daquele professor, aparentemente experiente, expressaria a visão de mundo dos conservadores de toda ordem, dos resistentes à diversidade, à pluralidade, aos estudos teóricos. Sua manifestação assumia a alienação e a ruptura entre teoria e prática.

A expressão *a teoria na prática é a mesma* refuta a alienação e, para os professores alfabetizadores, projeta-se como um princípio de liberdade, de ações criativas e de tomadas pessoais de decisão. Ela se aproxima da concepção monista de conceber o mundo e as relações humanas sem a dicotomia e a separação entre unidades de um todo. Neste caso específico da alfabetização, enquanto um espírito do senso comum e conservador prega a separação entre teoria e prática, o espírito monista prega a sua união, sem que seja perdida a sua especificidade na composição do todo.

Teoria e prática são unidades indissociáveis de um mesmo processo alfabetizador. Sua separação arbitrária leva à alienação, proposta prescrita pelos movimentos conservadores, sempre à espreita, que almejam a hegemonia do modo de pensar a educação. Essa mesma concepção monista refuta a separação entre outras duas unidades: o ensino da língua como um sistema separado da linguagem praticada pelos homens em suas relações. O objeto do ensino, como apontei nos capítulos iniciais, não é a língua escrita, mas como o homem a utiliza como meio de troca cotidiana, isto é, como linguagem escrita. A visão não dicotômica impede a alienação e, por isso, deixa abertos os espaços para a liberdade do professor, para suas ações criativas, porque o homem sente prazer em criar, para as tomadas de decisão que lhe são próprias, que não se distanciam do outro, por estarem em diálogo. Este é o caminho para a não alienação.

Esta argumentação alinhavada nos parágrafos precedentes é, ela mesma, uma explicação aos leitores professores como justificativa ao fato de não encontrarem aqui possíveis prescrições. As recomendações práticas incorporariam os pressupostos teóricos aqui debatidos e se tornariam, se tomadas isoladamente, também práticas alienantes porque anulariam a liberdade, as ações criativas e as tomadas de decisão. Eu, desta forma, repetiria os processos alienantes.

Capítulo a capítulo, costurei concepções políticas, postulados teóricos e possibilidades de formulações de práticas. Este conjunto obedecia a um princípio geral: o de formar continuadamente professores não alienados, formadores de crianças que se apropriariam dos atos humanos da linguagem escrita de maneira também não alienada, isto é, de atos de linguagem que abririam as portas para a liberdade de pensar e de ser. Dito de outro modo e mais uma vez: esse processo libertador e criativo somente ganha existência se os atos da vida cotidiana com linguagem entrarem pelos portões das escolas para desalojar dali a esterilidade e a dicotomia entre escola e vida.

O mundo da vida nos tempos de 2024, como apresentei no último capítulo, é tecido cotidianamente por relações humanas altamente textualizadas por aplicativos e plataformas digitais. Não é o mundo das décadas de 2030 ou 2040, mas o atual. Por essa razão, a pergunta que se faz para a alfabetização é: Quando vamos ensinar as crianças a participar do mundo em que vivem e como vamos aguardar, nas escolas, as que ainda vão nascer em 2030?

A minha vida de criança, filho de pai pedreiro e mãe dona de casa, olhada do alto de meus 74 anos, a de gestor em escolas públicas e a de professor em curso de Pedagogia na Unesp, *campus* de Marília, me provocam uma última reflexão que aqui quero compartilhar.

Quando criança, em casa pobre, eu tinha livros didáticos, algumas revistas e livros trazidos por meus irmãos. Havia também livros políticos e espíritas comprados por meus pais. Eu tinha muito, em relação a meus colegas de alfabetização que nada tinham, nem mesmo cartilhas. A escola oferecia pouco, muito pouco. Quem dela se fiava como a única fonte tropeçava nos degraus da escalada educacional e da vida. Nos dias que correm, vejo a situação se repetir. Um bom conjunto de crianças, de escolas públicas ou privadas, lida com a linguagem escrita em suportes múltiplos, papel, tela, e em situações também múltiplas, porque são nós em teias tecidas nas relações humanas, destacadamente pelo uso de celulares, computadores e seus aplicativos. Um outro conjunto, muito maior, composto por filhos de pais empobrecidos, terá de se submeter apenas ao que a escola e o conjunto de seus professores, não raramente submetidos a orientações alienantes, oferecem e ensinam. A situação vivida pelas crianças das décadas passadas se repete. Novamente, a escola observa a vida cotidiana e seus agentes cuidarem das crianças que são nós em teias de relações, mas, por estar desaparelhada da concepção político-teórico-prática, um todo indissolúvel, oferece pouco para os pobres, de forma reduzida e alienada, de costas para a vida borbulhante e frenética dos tempos de sociedade digitalizada e textualizada.

A escola, em lentidão propositadamente criada por conservadores, continua e continuará a promover a desigualdade neste Brasil sempre desigual, desde a escravização de povos vencidos até a escravização mascarada de contingentes de trabalhadores de todas as etnias.

Referências

AGUILAR, E. *Vygotski en México*: una travesía bibliográfica y otros temas breves. *In*: YASNITSKY, A. et al. (org.). *Vygotski revisitado*: una historia crítica de su contexto y legado. Buenos Aires: Miño D'Ávila Editores, 2016. p. 361-372.

BAJARD, É. *A descoberta da língua escrita*. São Paulo: Cortez Editora, 2012.

BAJARD, É. Manifesto dos usuários da escrita. *Ensino em Re-Vista*. v.21 n.1, 2014. Disponível em: https://seer.ufu.br/index.php/emrevista/article/view/25061. Acesso em: 29 fev. 2024.

BAJARD, É. O signo gráfico, chave da aprendizagem da escrita. *Ensino em Re- Vista*, Uberlândia, v. 23, n. 1, p. 201-225, jan./jun. 2016. Disponível em: http://www.seer.ufu.br/index.php/emrevista/article/download/35412/18636. Acesso em: 12 set. 2019.

BAJARD, É. *Eles leem, mas não compreendem. Onde estáo equívoco?* São Paulo: Cortez Editora, 2021.

BAJARD, É.; ARENA, D. B. Metodologias de ensino: por uma aprendizagem do ato de ler e do ato de escrever em um sistema tipográfico. *In*: DAVID, Célia et al. (org.). *Desafios contemporâneos da educação*. São Paulo: Cultura Acadêmica/Unesp, 2015. p. 251-275.

BAKHTIN, M. *Estética da criação verbal*. São Paulo: Martins Fontes, 2003.

BAKHTIN, M. *Para uma filosofia do ato responsável*. Tradução de edição italiana por: Valdemir Miotello e Carlos Alberto Faraco. São Carlos: Pedro e João Editores, 2010.

BAKHTIN, M. *Questões de estilística no ensino da língua*. Tradução do russo: Sheila Grillo e Ekaterina Vólkova Américo. São Paulo: Editora 34, 2013.

BAKHTIN, M. *Os gêneros do discurso*. Tradução do russo: Paulo Bezerra. São Paulo: Editora 34, 2016.

BOUCHARDON, S. L'écriture numérique ou l'écriture selon les machines. Enjeux philosophiques et pédagogiques. *Communication & Langages*, n. 191, p. 129-148, 2017. Disponível em: https://www.researchgate.net/publication/317610314. Acesso em: 6 jun. 2020.

BRASIL. *Decreto n. 9.765, de 11 de abril de 2019*. Institui a Política Nacional de Alfabetização. Brasília, 2019. Disponível em: http://www.planalto.gov.br/ccivil_03/_ato2019-2022/2019/Decreto/D9765.htm. Acesso em: 20 mar. 2020.

BRASIL, Ministério da Educação; CONSED; UNDIME NACIONAL. *Base Nacional Comum Curricular*: educação é a base. Brasília, 2018. Disponível em: http://basenacionalcomum.mec.gov.br/wp-content/uploads/2018/04/BNCC_19mar2018_versaofinal.pdf. Acesso em: 6 abr. 2018.

BRIQUEL, D. L'écriture de l'Italie antique. *In*: CHRISTIN, A. M. (org.). *Histoire de l'écriture*: de l'ideogramme au multimedia. Paris: Flammarion, 2012. p. 253-261.

BUSTARRET, C. Les manuscrits littéraires modernes et leus supports. *In*: CHRISTIN, A. M. (org.). *Histoire de l'écriture*: de l'ideogramme au multimedia. Paris: Flammarion, 2012. p. 341-347.

CATACH, N. Apresentação. *In*: CATACH, N. (org.). *Para uma teoria da língua escrita*. São Paulo: Ática, 1996. p. 5-20.

CHALL, J. La investigación respalda los modelos de enseñanza directa. *Lectura y Vida*, Buenos Aires, v. 14, n. 4, p. 11-15, dez. 1993.

CHARMEUX, É. *Aprender a ler*: vencendo o fracasso. São Paulo: Cortez Editora, 1994.

CHRISTIN, A.-M. *Poétic du blanc*: vide et intervalle dans la civilisation de l'alphabet. Paris: Vrin, 2009.

COUTINHO, C. N. *O estruturalismo e a miséria da razão*. São Paulo: Expressão Popular, 2010.

DESBORDES, F. *Concepções sobre a escrita na Roma antiga*. São Paulo: Ática, 1995.

DESBORDES, F. A pretensa confusão entre o escrito e o oral nas teorias da Antiguidade. *In*: CATACH, N. *Para uma teoria da língua escrita*. São Paulo: Ática, 1996.

DOBIAS-LALOU, C. Les alphabets grecs. *In*: CHRISTIN, A. M. (org.). *Histoire de l'écriture*: de l'ideogramme au multimedia. Paris: Flammarion, 2012. p. 241-248.

ECO, U. Muito além da internet. *Folha de S.Paulo*, São Paulo, 14 dez. 2003. Mais!, p. 4-11.

EISENSTEIN, E. L. *A revolução da cultura impressa*: os primórdios da Europa moderna. Tradução: Osvaldo Biato. São Paulo: Ática, 1998.

FARACO, C. A. *Linguagem & diálogo*: as ideias linguísticas do Círculo de Bakhtin. São Paulo: Parábola Editorial, 2009.

FERREIRO, E. Escrita e oralidade: unidades, níveis de análise e consciência metalinguística. *In*: FERREIRO, E. *et al*. *Relações de (in)dependência entre oralidade e escrita*. Porto Alegre: Artmed, 2004. p. 139-172.

FERREIRO, E. As inscrições da escrita. *In*: FERREIRO, E. *O ingresso na escrita e nas culturas do escrito*: seleção de textos de pesquisa. São Paulo: Cortez Editora, 2013.

FERREIRO, E.; TEBEROSKY, A. *Psicogênese da língua escrita*. Porto Alegre: Artes Médicas, 1986.

FISCHER, S. R. *História da escrita*. São Paulo: Editora Unesp, 2009.

FISCHER, S. R. *História da leitura*. São Paulo: Editora Unesp, 2006.

FOUCAMBERT, J. *A criança, o professor e a leitura*. Tradução: Marlene Cohen e Carlos Mendes Rosa. Porto Alegre: Artes Médicas, 1998.

FOUCAMBERT, J. *A leitura em questão*. Porto Alegre: Artes Médicas, 1994.

FREINET, C. *O jornal escolar*. Lisboa: Estampa, 1976.

GOODMAN, K. Gurúes, profesores y los políticos del método fónico. *Lectura y Vida*, Buenos Aires, v. 14, n. 4, p. 18-22, dez. 1993.

GRIOLET, P. L'écriture au Japon. *In*: CHRISTIN, A. M. (org.). *Histoire de l'écriture*: de l'idéogramme au multimedia. Paris: Flammarion, 2012. p. 131-149.

GUICHARD, M. Le avant-courriers de l'écriture dans la vallée du Danube. *In*: CHRISTIN, A. M. (org.). *Histoire de l'écriture*: de l'idéogramme au multimedia. Paris: Flammarion, 2012. p. 25-27.

HAVELOCK, E. A. *A revolução da escrita na Grécia*. São Paulo: Editora. Unesp; Rio de Janeiro: Paz e Terra, 1996.

JAKUBINSKIJ, L. Sur la parole dialogale. *In*: IVANOVA, Irina (ed.). *Lev Jakubinskij*: une linguistique de la parole (URSS, années 1920-1930). Tradução: d'Irina Ivanova e Patrick Sériot. Limoges: Lambert Lucas, 2012.

JEANNERET, I. Écrituire et médias informatisés. *In*: CHRISTIN, A. M. (org.). *Histoire de l'écriture*: de l'idéogramme au multimedia. Paris: Flammarion, 2012. p. 395-402.

JOLIBERT, J. *Formar crianças produtoras de textos*. Porto Alegre: Artes Médicas, 1994.

KLOCK-FONTANILLE, I. Repenser l'écriture pour une grammatologie intégrationnelle. *Actes Semiotiques*, n. 119, 2016. Disponível em: https://www.unilim.fr/actes-semiotiques/5623&file=1. Acesso em: 10 ago. 2023.

KRÄMER, S. Entre discursivité et iconicité, un nouveau regard sur les écritures. *Actes Sémiotiques*, n. 119, 2016. Disponível em: https://www.unilim.fr/actes-semiotiques/5628&file=1. Acesso em: 10 ago. 2023.

MCLUHAN, M. *Os meios de comunicação de massa como extensões do homem*. Tradução: Décio Pignatari. São Paulo: Cultrix, 1969.

MCLUHAN, M. *A galáxia de Gutenberg*. Tradução: Leônidas Gontijo de Carvalho e Anísio Teixeira. São Paulo: Editora Nacional; Edusp, 1972.

MEDVIÉDEV, P. N. *O método formal nos estudos literários*: introdução crítica a uma poética sociológica. São Paulo: Contexto, 2012.

MORAIS, J. *A arte de ler*. Tradução: Álvaro Lorencini. São Paulo: Editora Unesp, 1996.

OLSON, D. R. *L'univers de l'écrit:* comment la culture écrite donne forme à la pensée. Paris: Retz, 2010.

PARISSE, M. L'écriture au Moyen Âge. In: CHRISTIN, A. M. (org.). Histoire de l'écriture: de l'idéogramme au multimedia. Paris: Flammarion, 2012. p. 295-311.

PARKERS, M. Ler, escrever, interpretar o texto: práticas monásticas na Alta Idade Média. In: CAVALLO, G.; CHARTIER, R. História da leitura no mundo ocidental. São Paulo: Ática, 2002.

PASSOS, L. M. M. Alegria de saber: alfabetização. São Paulo: Scipione, 1997.

PINAULT, G.-J. Écritures de l'inde continentale. In: CHRISTIN, A. M. (org.). Histoire de l'écriture: de l'idéogramme au multimedia. Paris: Flammarion, 2012. p. 101-129.

RENONCIAT, A. Typographies pour l'enfance. In: CHRISTIN, A. M. (org.). Histoire de l'écriture: de l'idéogramme au multimedia. Paris: Flammarion, 2012. p. 375-379.

RICHAUDEAU, F. Des neurones, des mots e des pixels. Reillanne: Atelier Perrousseaux Editeur, 1999.

SAENGER, P. A leitura nos séculos finais da Idade Média. In: CAVALLO, G.; CHARTIER, R. História da leitura no mundo ocidental. São Paulo: Ática, 2002.

SAMPSON, G. Sistemas de escrita: tipologia, história e psicologia. São Paulo: Ática, 1996.

SANTOS, S. O. Apropriação da linguagem escrita por meio de aplicativos em dispositivos digitais. 2019 (Tese) (Doutorado em Educação) — Universidade Estadual Paulista "Júlio de Mesquita Filho", Marília, 2019. Disponível em: https://repositorio.unesp.br/handle/11449/181167. Acesso em 12 set. 2019.

SAUSSURE, F. de. Cours de linguistique général. Paris: Payot, 1997.

SÉRIOT, P. Généraliser l'unique: genres, types et sphères chez Bakhtine. Linx: Revue des Linguistes de l'Université Paris X Nanterre, Nanterre, p. 37-53, 2007. Disponível em: http://linx.revues.org/356. Acesso em: 11 dez. 2017. DOI: 10.4000/linx.356.

SMITH, F. Compreendendo a leitura: uma análise psicolinguística da leitura e do aprender a ler. Tradução: Deise Batista. Porto Alegre: Artes Médicas, 1989.

SMOLKA, A. L. B. A dinâmica discursiva no ato de escrever: relações oralidade--escritura. In: SMOLKA, A. L. B.; GOES, M. C. R. de. A linguagem e o outro no *espaço escolar:* Vigostky e a construção do conhecimento. Campinas: Papirus, 1993. (Magistério: formação e trabalho pedagógico).

SOLOVIEVA, Y.; ROJAS, L. Q. Métodos de la enseñanza y el desarrollo de niño: ¿juntos o aparte? Psicopedagogía histórico-cultural. *Ensino em Re-Vista*, v. 24, n. 2, p. 553-566, jul./dez. 2017. Disponível em: https://seer.ufu.br/index.php/emrevista/article/view/38262/0. Acesso em: 11 dez. 2022.

SOUCHIER, E. Da "lettrüre" à tela: ler e escrever sob o olhar das mídias informatizadas. Tradução: Dagoberto Buim Arena e Adriana Pastorello Buim Arena. *Ensino em Re-Vista*, v. 22, n. 1, p. 211-229, jan./jun. 2015. Disponível em: https://seer.ufu.br/index.php/emrevista/article/view/30722/16782. Acesso em: 11 dez. 2017.

SOUCHIER, E. Quelques remarques sur le sens et la servitude de la typographie: pratiques, discours et imaginaires. *Cahiers Gutenberg,* Saint-Martin-d'Hères, n. 46-47, p. 69-98, 2006.

SOUCHIER, E. La lettrure à l'écran. Lire & écrire au regard des médias informatisés. *Communication & langages*, n. 174, décembre 2012, p. 85-108.

SOUCHIER, E.; CANDEL, E.; GOMEZ-MEJIA, G. *Le numérique comme écriture.* Malakoff: Armand Colin, 2019.

SOUCHIER, E.; JEANNERET, Y.; LE MAREC, J. (org.). *Lire, écrire, récrire*: objets, signes et pratiques des médias informatisés. Paris: Bibliothèque Publique D'Information, 2003.

SVENBRO, J. A Grécia arcaica e clássica: a invenção da leitura silenciosa. *In*: CAVALLO, G.; CHARTIER, R. *História da leitura no mundo ocidental.* São Paulo: Ática, 2002.

VANDERMEERSCH, L. Pratique de la calligraphie chinoise. *In*: CHRISTIN, A. M. (org.). *Histoire de l'écriture*: de l'ideogramme au multimedia. Paris: Flammarion, 2012a. p. 95-97.

VANDERMEERSCH, L. De la pyroscapulomancie à l'écriture. *In*: CHRISTIN, A. M. (org.). *Histoire de l'écriture*: de l'ideogramme au multimedia. Paris: Flammarion, 2012b. p. 98-99.

VANDRÉ, G. *Pra não dizer que não falei das flores (Caminhando)*. 28 dez. 2023. Disponível em: https://pt.wikipedia.org/wiki/Pra_não Dizer_que_não_Falei_das_ Flores. Acesso em: 4 abr. 2020.

VIALOU, D. L'inscrit, avant l'écrit. *In*: CHRISTIN, A. M. (org.). *Histoire de l'écriture*: de l'ideogramme au multimedia. Paris: Flammarion, 2012. p. 17-24.

VIGOTSKI, L. *A construção do pensamento e da linguagem*. Tradução: Paulo Bezerra. São Paulo: Martins Fontes, 2001.

VYGOTSKI, L. S. *Obras escogidas II*. Tradução: José Maria Bravo. Madri: Visor, 1997.

VOLOCHINOV, V. N. *Marxisme et philosophie du langage*: les problémes fondamentaux de la méthode sociologique dans la science du langage. Nouvelle édition bilíngüe traduite du russe par Patrick Sériot et Inna Tylkowski-Ageeva. Préface de Patrick Sériot. Limoges: Lambert-Lucas, 2010.

VOLÓCHINOV, V. N. *Marxismo e filosofia da linguagem*: problemas fundamentais do método sociológico na ciência da linguagem. Tradução do russo: Sheila Grillo e Ekaterina Vólkova Américo. São Paulo: Editora 34, 2017.

VOLOSHINOV, V. N. La structure de l'énoncé. *In*: TODOROV, T. (org.). *Mikhail Bakhtine. Le principe dialogique. Suivi de Écrits du Cercle de Bakhtine*. Tradução: Tzvetan Todorov. Paris: Éditions du Seuil, 1981. p. 287-316.

WILLIAMS, E. *Do latim ao português*. Tradução: Antonio Houaiss. Rio de Janeiro: Tempo Brasileiro, 1975.

O conteúdo da obra tem como referência artigos e capítulos de livros publicados ao longo de anos de pesquisa. As reflexões neles contidas foram reconfiguradas, aprofundadas, aparadas e atualizadas. A base é composta pelas publicações a seguir listadas:

ARENA, D. B. Para ser leitor no século XXI. *In*: SOUZA, R. J. de; SOUSA, A. C. de. (org.). *Nas teias do saber*: ensaios sobre leitura e letramento. Presidente Prudente: Meio Impresso, 2005.

ARENA, D. B. Considerações em torno do objeto a ser ensinado: língua, linguagem escrita e aos culturais de ler e de escrever. *In*: GUIZZO, A. R.; SILVA, R. C. M.; MORAES, D. R. S. (org.). *Humanidades nas fronteiras*: saberes e pesquisas interdisciplinares. Cascavel: Edunioeste, 2020.

ARENA, D. B. Alfabetização em um mundo de cultura escrita e de escrita digital. *In*: BRITO, A. E.; SANTOS, F. C. C. N.; CARVALHÊDO, J. L. P. (org.). *Por entre os caminhos da pesquisa e da formação continuada*: diálogos com a prática docente alfabetizadora. Parnaíba: Acadêmica Editorial, 2020.

ARENA, D. B. As letras como unidades históricas na construção do discurso. *Cadernos do Cedes*, Campinas, v. 53. n. 89, jan./abr. 2013. Disponível em: http://www.ccdes.unicamp.br/. Acesso em: 27 fev. 2020.

ARENA, D. B. Consciência fonológica: convergências e divergências entre pesquisadores vigotskianos e não-vigotskianos. *Revista Educativa* — Revista de Educação, v. 22, n. 1, jul. 2020. Disponível em: https://seer.pucgoias.edu.br/index.php/educativa/article/view/8096. Acesso em: 27 fev. 2020.

ARENA, D. B. Intervalo em branco como signo no processo de apropriação da escrita. *Revista Brasileira de Estudos Pedagógicos*. REBEP (on-line), Brasília, v. 96, n. 242, p. 42-60, jan./abr. 2015. Disponível em: https://www.scielo.br/j/rbeped/a/3nCp4B8dtDXkNNDZfRqsRNd/?lang=pt. Acesso em: 27 fev. 2020.

ARENA, D. B. A fusão entre suportes e enunciados para a criação de sentidos. *Série-Estudos:* Periódico do Programa de Pós-Graduação em Educação da UCDB, Campo Grande, n. 40, p. 1-358, jul./dez. 2015. Disponível em: https://www.serie-estudos.ucdb.br/serie-estudos/article/download/883/739.

ARENA, D. B. Nem literacia, nem letramento, mas leiturescrita e lescrever. *Revista Brasileira de Alfabetização*, n. 13, 2020. Disponível em: https://doi.org/10.47249/rba2020458.